U0917587

桥梁批评研究

李莹 著

Study on Bridge Criticism

人民交通出版社股份有限公司
China Communications Press Co.,Ltd.

内 容 提 要

本书在桥梁工程理论和建筑批评理论的基础上，汲取桥梁美学、桥梁史、价值论、符号学等学科的理论与思想，开展对桥梁批评理论的系统研究，建立了以主体论、价值论、符号论、方法论为核心内容的桥梁批评理论体系。全书共分为七章，包括绪论、桥梁批评史略、桥梁批评主体论、桥梁批评价值论、桥梁批评符号论、桥梁批评方法论、结论与展望等内容。

本书可供桥梁专业或桥梁从业人员参考使用。

图书在版编目(CIP)数据

桥梁批评研究 / 李莹著. — 北京 : 人民交通出版社股份有限公司, 2018.12

ISBN 978-7-114-15250-4

Ⅰ. ①桥… Ⅱ. ①李… Ⅲ. ①桥梁工程—研究 Ⅳ. ①U44

中国版本图书馆 CIP 数据核字(2018)第 293678 号

书　　名：桥梁批评研究
著 作 者：李　莹
责任编辑：曲　乐　张博嘉
责任校对：尹　静
责任印制：张　凯
出版发行：人民交通出版社股份有限公司
地　　址：(100011)北京市朝阳区安定门外外馆斜街 3 号
网　　址：http://www.ccpress.com.cn
销售电话：(010)59757973
总 经 销：人民交通出版社股份有限公司发行部
经　　销：各地新华书店
印　　刷：北京虎彩文化传播有限公司
开　　本：787×980　1/16
印　　张：7.75
字　　数：132 千
版　　次：2019 年 6 月　第 1 版
印　　次：2019 年 6 月　第 1 次印刷
书　　号：ISBN 978-7-114-15250-4
定　　价：30.00 元
(有印刷、装订质量问题的图书由本公司负责调换)

前言

Preface

目前,我国桥梁界对科学、全面地评价桥梁的价值与意义的理论与方法缺乏深入而系统的研究,导致桥梁建设高速发展的同时存在创新与美学设计的严重不足,缺乏国际竞争力。为了建立桥梁价值与意义评判的依据,本书在桥梁工程理论和建筑批评理论的基础上,汲取桥梁美学、桥梁史、价值论、符号学等学科的理论与思想,开展对桥梁批评理论的系统研究,建立了以主体论、价值论、符号论、方法论为核心内容的桥梁批评理论体系,旨在建立桥梁批评的理论框架,以促进桥梁批评和创作的健康发展。本书的主要内容有:

第 1 章为绪论,介绍研究背景及意义、国内外关于建筑批评、桥梁美学与桥梁史、桥梁设计评价方法的研究进展;提出桥梁批评的概念并分析其内涵和特性。

第 2 章为桥梁批评史略,系统研究了桥梁批评发展史,经研究发现十八世纪之前的桥梁批评属于建筑批评的一部分,没有独立的批评思想和批评理论;近代桥梁批评思想出现了不同于建筑复古思潮的结构美学新观念,桥梁美学思想开始萌芽;现代桥梁批评注重真实的技术、结构和材料的表现,桥梁美学理论已经形成了较完善的理论体系,但还没有形成系统的桥梁批评理论体系。

第 3 章为主体论,通过对桥梁批评的主体的研究,将批评主体分为普通大众、专业人士和权力人士三种类型并分析其特征,在批评活动中应有针对性地吸收不同主体价值取向中的合理成分,指出主体应具有社会意识、功能意识、技术意识和环境意识等批评意识,并阐述其内涵。

第 4 章为价值论,基于对价值论和作为客体的桥梁属性的研究,全面分析了桥梁中的价值问题——功能价值、社会价值、文化艺术价值、符号价值、生态价值、科学技术价值、场所价值，并阐述其内涵。通过对价值等级序列的研究分析了判断桥梁价值高低的依据以及借助参照物进行价值判断的不同方法。

第5章为符号论，基于符号学基本理论系统研究了桥梁符号系统的构成、意义及应用。提出桥梁是包含实用功能和丰富内涵的符号系统。从语构学层面提出桥梁建筑语言的总体架构由深层结构和表层结构组成，分析了深层结构的内涵，并提出表层结构的构成语言包括形态的构成语言、结构与材料的构成语言、施工与设备的构成语言和桥梁与环境的构成语言；从语意学层面提出桥梁符号是能指（形式）与所指（含义）统一的语意系统，并将桥梁符号分为相似符号、指示符号和象征性符号，并阐述其含义；从语用学层面分析了桥梁符号在设计中的应用，将对桥梁符号的诠释分为直觉式、实证式、解析式三个层次。

第6章为方法论，基于对桥梁批评对象和标准的研究，提出桥梁批评的主要模式有目的和任务模式、社会批评模式、心理批评模式、形式批评模式、科学和技术批评模式、建筑现象学批评模式，并应在批评实践中综合应用。

第7章对为结论与展望，通过对研究内容的总结，分析完成的研究成果以及存在的问题，提出对今后研究工作的展望。

本书的主要内容是作者博士期间的研究成果，要衷心感谢我的导师肖汝诚教授。博士论文的完成首先得益于导师对这个富有挑战的研究领域选题的肯定与支持，更离不开导师的悉心指导与启迪纠错。还要感谢我的副导师徐利平教授级高工对我的指导，徐老师工程经验丰富，专注于桥梁美学的研究和创作实践，他的专著《城市桥梁美学创作》对我的论文写作有很大的启发。

由于专业能力所限，书中难免有错误与不足，恳请读者朋友批评指正。

李 莹

2018年12月

目 录

Contents

第1章　绪　论

1.1　研究背景及意义

1.1.1　研究背景

自改革开放以来,我国桥梁界在努力学习和追赶国外先进技术和理念的同时不放弃自主建设的道路,并取得了长足的进步和丰硕的成果。截至2016年底,我国公路桥梁已达80.53万座,铁路桥梁总数超过20万座。从数量上,我国已经成为名副其实的世界第一桥梁大国。目前,我国的公路桥梁以每年超过1万座的速度被设计建造,桥梁建设的速度之快、规模之大是惊人的。然而从桥梁建设的现状来看,真正满足科学性、技术性、艺术性又兼具科学技术价值和艺术文化价值的桥梁少之又少。

由于缺少对桥梁价值和意义评判的依据,我国得到国际认可的本土的桥梁设计相对较少。项海帆院士指出,与发达国家相比我国的桥梁建筑在设计创新、桥梁美学方面缺乏竞争力。在我国持续多年的大规模桥梁建设实践中,出现了几个很明显的趋势。第一,桥梁设计师在结构设计方面具有专业水平,但对桥梁建筑形式的设计不够重视,不是对已有设计的简单模仿,就是完全忽略造型设计。第二,尽管桥梁设计师想要设计出好的建筑形式,但不知从何下手,只是为了造型而造型,出现了一些包装式设计或伪桥型设计。第三,在很多桥梁竞赛中,业主更倾向于国外设计师的作品,本土设计师的桥梁作品缺乏竞争力。国外设计师在创新思维、设计理念等方面确实有优势,但他们对中国文化的理解更多是表面的,他们的设计表达的并不是真正符合中国文化内涵的建筑语言。例如长沙的梅溪湖步行桥(图1-1),由荷兰Next公司设计,灵感来自于莫比乌斯环和中国民间艺术品“中国结”。该桥的设计新颖,造型独特,莫比乌斯环的创意也使得步行体验很有趣味。但中国结是精细、雅致、富有韵味的,体现的是东方文化的灵秀(图1-2)。梅溪湖桥虽然采用了“红颜色”和“结”的艺术元素,整体造型却是宏伟、壮美的，只有中国结的“形”，没有中国结的“韵”。梅溪湖桥是一个有创意的好设计，但这个设计并没有体现中国传统文化的“气质”。

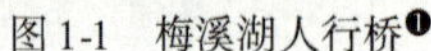

图 1-1　梅溪湖人行桥❶

图 1-2　中国结

创作的繁荣有赖于理论的建树和思想的活跃，有赖于历史的比较、分析和研究。尽管对桥梁建筑形式、建筑空间、与场地的结合、象征意义等方面的追求已经成为桥梁设计师的共识，但我国目前对桥梁的价值与意义评判中的主要问题研究几乎是空白。

在建筑学领域，尤其是西方国家，有悠久的建筑批评的理论传统和评论历史，为建筑的发展起到了非常重要的引导和促进作用。建筑批评是对建筑及建筑现象、建筑所赖以存在的社会与环境，对建筑师的创作思想、设计和建造、建筑演变过程的鉴别和评论。建筑批评对建筑师和使用者、鉴赏者起着某种引导作用，是基于理论指导的实践活动。在建筑方案征集或建筑设计竞赛、评奖等过程中，建筑批评可以帮助评审人员选择、鉴别和判断，发现评价对象和方案的价值及意义。

虽然建筑批评的理论研究已经比较成熟，但却难以直接应用在桥梁领域。建筑批评的研究对象主要是房屋建筑，我国的桥梁设计和房屋设计有很大的不同，房屋设计分为建筑设计和结构设计两个部分，分别由建筑师和建筑结构工程师来完成。桥梁的设计是建筑形式与结构形式统一的设计，不同于房屋建筑是表皮与结构分开的设计，桥梁设计师要同时完成桥梁的建筑形式与受力结构的设计。建筑批评主要是针对建筑师的工作，桥梁批评中建筑形式与受力结构是不可分割的整体。因此，建筑批评的理论无法直接应用在桥梁批评上，需要开展以桥梁为对象的批评理论研究与实践。

面对蜂拥而至的国外设计师的作品，多元化的建筑思潮，我们该如何评说桥梁的好与坏、美与丑，如何为我国的桥梁设计定位，怎样把握桥梁发展的目标与

---

❶来源：桥梁建设单位提供。

方向？我们需要基于桥梁自身特点的批评理论研究来为桥梁界指明设计的方向，理清评价的标准，也需要更多桥梁批评的实践使“真理”在争论中越辩越明。

1.1.2 研究意义

本书研究的意义在于建立系统的桥梁批评理论，改变对桥梁评价囿于结构理论和工程技术的局限，为桥梁的价值和意义的评判提供理论依据，使桥梁的批评与评价活动更具有科学性，促进创作的健康发展。桥梁批评是观念性与实践性相结合的活动，是联系思想与创作的纽带。对桥梁批评的研究具有学科构建意义、理论意义和实践意义，具体阐述如下。

1）学科构建意义

我国的桥梁界对桥梁史、桥梁美学已经有一定的研究基础，但缺少对桥梁价值与意义的评判依据的研究。桥梁史的研究主要侧重对历史桥梁的情况介绍和技术总结，桥梁美学研究的重点在于桥梁的外在形式，对桥梁中的价值、建筑形式所体现的意义的研究相对偏少，而桥梁工程技术领域对桥梁的评价和评估只限于结构分析和技术评估，对桥梁的创作设计思想、建筑空间、符号价值、场所精神等问题的理论研究寥寥无几。目前，对桥梁批评的专门研究几乎处于空白，尚未形成理论体系和评价系统。

相比之下，国内外建筑批评的研究已经形成比较完善的理论体系。建筑批评理论是桥梁批评在桥梁专业以外最重要的理论来源，但建筑批评最主要的对象是房屋建筑，和桥梁有很大的不同。首先，两者的功能完全不同。其次，两者的建筑形式与受力结构的关系也不同，建筑的外在形式更大程度上取决于建筑表皮，而桥梁的建筑形式主要取决于受力结构的形式。因此，建筑批评的理论可借鉴，却不能完全照搬套用于桥梁批评。

鉴于桥梁批评发展的现状，应该建立独立的桥梁批评理论体系。

2）理论意义

对桥梁批评理论的研究能够为桥梁优劣的评判提供理论依据，充分发挥桥梁批评的认识作用和判断作用。

桥梁批评是人们对桥梁设计作品创新认识过程中不可或缺的重要环节，它制约着人们对设计作品认识的全过程。对设计作品认识，是设计创新评价的开始。桥梁批评的认识意义是指：批评主体依据一定的专业知识，对设计作品进行分析，全面了解设计作品的形态、功能及技术状况。桥梁批评是对桥梁设计作品的本质和属性等进行认识的最重要的手段。当批评主体把某一设计作品确定为批评对象时，就说明主体已经意识到了设计作品的某种意义。同时，通过桥梁批评的渗透,人们对设计作品也能够有更深一步的认识。

桥梁批评的判断作用是对设计作品创新评价过程中的一个最基本环节。桥梁批评的判断作用是指:批评主体依据一定的评价标准,对设计作品作出价值判断,揭示出设计作品能否满足以及在多大程度上满足批评主体的需要。通过桥梁批评,批评主体可以区分出设计作品有价值的方面和没有价值的方面,为未来的设计指明方向。

对设计的评价方法的研究就是桥梁批评判断作用的一种体现。目前我国城市桥梁的方案评选存在很多问题,导致最终选出的满足科学性、技术性和艺术性的桥梁方案少之又少。首先,存在业主凭偏爱进行方案选择的现象,该选择方式往往缺乏理论依据,存在盲目性和科学性。其次,以专家评审的方式进行方案选择侧重于个人论述性的评价,当专家人数有限的情况下难以避免主观因素的影响,存在片面性。另外,某些方案评选中甚至还存在暗箱操作,评选的客观性更无从谈起。为了实现桥梁设计方案评选的科学性、客观性和全面性,由专业机构通过调查按科学方法进行评价是未来的方向。建立一套符合城市桥梁方案设计特点的,以现代综合评价理论和桥梁批评理论为依据的,结合定性和定量评价原则的科学评价方法才是得到理性评价结果的可靠保证。

3)实践意义

桥梁批评研究的实践意义在于以理论研究成果推动批评活动和设计创作的健康发展。通过对桥梁批评的基本问题的分析,提出具有建设性的批评标准和方法,指导批评活动和设计创作。

合格的批评者在面对有价值、有创新的桥梁作品时,一定是鼓励创新而不是压制创新。从设计师的角度而言,设计批评为其设计实践活动提供了参照尺度,两者的良性互动关系对设计师实现价值理想有着极为重要的意义。如果设计师能够掌握桥梁批评的理论,应用到新的桥梁设计过程中,以批评的眼光审视自己的作品,进而不断改善,就能够提高设计品质。从社会角度而言,好的批评不仅表明人们对设计作品创新的判断与认识,而且蕴含着人们对社会价值取向和理想的认同。特别是专业性批评能够通过对创新作品的解读和宣传,使人们理解和接受作品,提高大众桥梁批评的素养。

1.2 国内外研究进展

桥梁批评研究是一个新的研究领域。建筑批评、桥梁美学、桥梁史、桥梁设计评价等研究为桥梁批评研究创造了有利条件，也为深入研究并建立桥梁批评的理论框架和实践方法提供了有力保证。

1.2.1 建筑批评

建筑批评是对建筑、建筑师以及与建筑相关的社会、历史、文化、经济和政治因素全面而系统地进行说明、解释、评价、判断和批判，同时也论证其中的理由。建筑批评是具有批判意义的实践活动，是以人及人类社会的需要为尺度，审视建筑的创造过程，分析建筑语言与环境、思想的关系，揭示建筑形式与意义的关系，预想并建构未来的建筑。建筑批评是桥梁批评重要的思想来源，建筑批评的方法和标准对桥梁批评有非常重要的借鉴意义。

1）国外研究进展

西方的建筑文化重逻辑思维与形式分析，最早的建筑批评可追溯到古罗马时期的《建筑十书》。随后的中世纪没有出现重要的经典著作。文艺复兴是建筑批评的繁荣时期，再经过新古典主义时期的发展，西方建筑批评的理论体系和范式基本建立。

受20世纪初现代科学技术的影响，现代建筑运动颠覆了传统的建筑风格和观念，倡导建筑应注重实用性和经济性，注重真实的技术、结构和材料的表现，反对不必要的装饰。现代建筑评论结合了哲学、心理学、语言学、符号学、现象学、社会学等多学科的理论，开始向多元化发展。20世纪60年代的建筑评论著作如雨后春笋般涌出。20世纪70年代末发端的后现代主义建筑思想建立了新的批评范式。1978年国际建筑评论家委员会（CICA）的成立标志着建筑评论已经成为一个专门的学术领域。

现代建筑大师勒·柯布西埃的《走向新建筑》（1923）被称为现代建筑的宣言，他宣称那些旧的建筑“风格”已经不复存在了。柯布西埃认为新的建筑材料已经彻底改变了以往的结构形式，他积极倡导通过计算和发明得到合理的结构形式，反对建筑中充斥的装饰艺术。所有与建筑相关的价值都需要被重新评估，建筑需要面对新的法则，迎接新的革命。

瑞士艺术史学家吉迪恩的《空间、时间与建筑》（1941）系统地论述了现代建筑的产生与演变，是空间批评模式理论的代表作。吉迪恩用抽象化的空间概念作为艺术史学的观点对建筑进行评价，提出流动的空间是现代建筑的特征。

意大利建筑理论家布鲁诺·赛维在《建筑空间论——如何品评建筑》（1950）中强调了空间是建筑的主角，建筑的历史是空间概念发展的历史。赛维认为建筑批评和建筑历史是一致的,可以用不同时期的建筑形式来表达建筑批评。

文丘里的《建筑的复杂性与矛盾性》(1962)谴责了现代主义建筑文化意义的缺失,推动了后现代主义建筑的发展。文丘里认为建筑要满足使用、坚固、美观的三要素就必然是复杂和矛盾的,复杂性和矛盾性能够使建筑真实有效和更有活力。他宣称"我喜欢基本要素混杂而不要纯粹,折衷而不要干净,扭曲而不要直率,含糊而不要分明"。

意大利建筑理论家曼弗雷多·塔夫里是建筑批评学的奠基人之一,他的主要著作有《建筑学的理论和历史》(1968)、《走向建筑的意识形态批评》(1969)、《走向乌托邦》(1973)等。塔夫里建立了建筑的意识形态批评理论和建筑的历史批评理论。他还主张任何建筑都有内在的批评性,批判性建筑代表了各个时期建筑的理想模式。

挪威建筑理论家、建筑现象学的奠基人诺伯格·舒尔茨为建筑引入现象学的思想,奠定了建筑批评的现象学批评模式。诺伯格·舒尔茨在《场所精神——迈向建筑现象学》(1979)强调了场所的精神价值,场所精神体现在环境带给人的方向感和认同感。他认为建筑不只是空间,还意味着场所精神的形象化,建筑师的任务是创造有意义的场所。

以G·勃罗德彭特为主要作者的《符号·象征与建筑》(1981)是有关建筑符号学的论文集,提出了语言学和符号学的建筑批评模式。在该书中,恩伯托·埃科等人探讨了建筑符号的基本概念、建筑的深层结构;查尔斯·詹克斯等人研究了如何应用符号学分析建筑中的含义;玛丽亚·路易莎·斯卡维尼等人研究了建筑评论的结构语言学和文学符号学两种模式。勃罗德彭特指出符号学为建筑理论界提供了新的见解,有助于建筑学界以通情达理、启迪明悟的方式来探讨曾是最主观的美学领域中的问题。勃罗德彭特在《建筑的深层结构》一文中进行了深入的探讨。他将人的本能需要和实现建筑形式的物质条件相结合,总结出建筑的深层结构分为四项:建筑是人类活动的容器;建筑是特定气候的调节器;建筑是文化的象征;建筑是资源的消费者。

建筑理论家用语言的规范性来比拟建筑的各部件之间的关系。1964年,约翰·萨莫森撰写的《建筑的古典语言》出版,他分析了各个时期以柱式为核心的西方古典主义的建筑语言的语法:比例、对称、均衡、平衡、韵律。布鲁诺·赛维在《现代建筑语言》(1978)一书中总结了现代建筑语言的基本法则,他把"按功能进行设计的原则"作为所有原则的基本前提。

查尔斯·詹克斯直接地提出后现代建筑具有面对建筑师和大众的"双重译码",后现代这一称呼是用来形容意识到建筑是一种语言的设计师。他在《后现代建筑语言》(1986)一书论述了如“代码”“句法”“象征”等建筑语言的很多基本问题。

彼得·埃森曼(Peter Eisenman)将乔姆斯基的语构理论直接用于建筑符号的组构。他把线、面、体看成组成建筑的最基本的单元,这三种单元再组构成不同的建筑元素。这些元素以建筑的深层结构为基础,通过一些演化和变换法则形成建筑的表层结构。

美国建筑理论家和批评家肯尼思·弗兰普顿的建筑批评著作主要有《现代建筑:一部批判史》(2007)、《建构文化研究》(1995)和《20 世纪建筑学的演变:一个简要陈述》(2006)。弗兰普顿提倡以文化为导向的解构,从深层结构理解建筑,注重整体的建构,试图以地域主义建筑来反对环境的均一化。

2)国内研究进展

中国传统文化中,建筑从未被当作一种文化,而是一种技艺,是形而下的。历史上的中国建筑缺乏理论范式,缺乏有科学思想的建筑批评理论,只存在一些建筑的礼制、形制和工程则例。与文化相融合的传统建筑理论和建筑批评并未在历史上形成完整的体系,仅散见于各种神话、文学作品、文献和标准之中。《考工记》《营造法式》《鲁班经》《园冶》等古代建筑文献多为建筑美学思想、建筑形制和相关技术的论述。

近代中国新建筑体系逐渐形成,现代意义的建筑批评在这一时期得以传播。其中梁思成和林徽因在建立中国的建筑教育体系和建筑史研究方面作出了卓越的贡献,开辟了中国的建筑学术研究。林徽因主张建筑美的本质在于结构理性,对建筑的实用、坚固和美观的原则加以全面的诠释:“实用者:切合于当时当地人民生活习惯,适合于当地地理环境。坚固者:不违背其主要材料之合理的结构原则,在寻常环境之下,含有相当永久性。美观者:具有合理的权衡(不是上重下轻巍然欲倾,上大下小势不能支;或孤耸高峙或细长突出等违背自然规律的状态),要呈现稳重、舒适、自然的外表,更要诚实的呈露全部及部分的功用,不事掩饰,不矫揉造作,勉强堆砌。美观,也可以说,即综合运用,坚稳,两点之自然结果。”

新中国成立后近三十年的时间里建筑批评发展十分有限,只有在 20 世纪 50 年代至 20 世纪 60 年代初出现了一个短暂的繁荣期,批评理论初步奠定了基础。直至 20 世纪 80 年代改革开放至今,建筑批评进入新的繁荣期。20 世纪末,我国建筑界完成了当代建筑批评理论体系的创立。

需要说明的是,我国学术界最初有一些学者将“architecture criticism”翻译为“建筑评论”,尽管后来有的学者改为“建筑批评”,但还是有很多人保持了原有的习惯,在这里对两种译法不做区分,论文引用中尊重原作者的用词。

1982 年,关肇邺教授和罗小未教授分别在清华大学和同济大学开设了建筑批评的课程。

邹德侬在《建筑理论、评论和创作》(1986)一文中分析了建筑理论、建筑评论和建筑创作的关系,指出了建筑评论对建筑创作的作用,分析了我国建筑评论的现状并提出了改善的措施。

中国当代建筑批评理论的创立者之一罗小未在《建筑评论》(1989)一文中提出只有通过评论,学识才能进步。论文阐述了建筑评论的意义与作用,提出了建筑评论的标准和建筑评论的模式。

1996 年,徐千里提出如果要改变建筑批评流于肤浅、盲目混乱的状况,就要从根本上确立建筑批评的价值观念和批评的人文尺度。

2001 年,郑时龄出版了著作《建筑批评学》,从元批评的高度探讨建筑批评的本质、内容和方法,构建了建筑批评学的理论体系。郑时龄认为建筑批评学核心内容主要包括建筑批评的主体论、价值论、符号论和方法论,构成了建筑批评学的理论框架。郑时龄还指出建筑批评学的研究不是为了制定具体的规则和标准,而是论述建筑批评所涉及的领域,建立理论框架,介绍作为交叉学科的建筑批评学与相关学科之间的联系,研究建筑批评涉及的相关问题。该书于 2014 年发行了第二版,核心理论并没有改变。

2005 年,程晓喜提出建筑评论的价值标准应当回到关注大众的内在需求,以保证多元化评论目标的一致性和操作中的可比性;建立多层级的评论体系,以专业评论、媒体评论、网络评论共同发展,实现建筑评论内容、主体、媒介、受众的多元化原则,实现建筑批评公众教化与专业监督的双重作用的体制保障。

赵亚敏等在《本土化的建筑批评学》(2016)中指出目前我国建筑批评理论的发展落后影响了建筑的发展,为了建立本土化建筑批评体系,需要完善建筑理论知识系统的研究,提高对本土建筑的深层挖掘。建筑批评应跳出圈子面向现实、面向大众、面向实践,建筑批评需关注传统、乡土建筑,建立建筑批评体系、完善建筑批评话语。

目前,建筑批评的经典著作得到了比较系统的翻译出版,陆续有建筑批评专著出版,很多建筑学术刊物中设立了建筑批评专栏或专刊,建筑批评已成为硕博士论文的研究热点之一,这一切都极大地推动了建筑批评的发展。同时,当代中国的建筑评论理论正处于建构过程中,建筑评论课程已经被大多数开设建筑学专业的高校纳入教学体系中。

1.2.2 桥梁美学与桥梁史

桥梁美学、桥梁史和桥梁批评是三个相互独立又相互融合的学科领域，这三门学科的统一性是完整性和系统性的基础。桥梁美学为桥梁批评提供美学标准、原则与方法。桥梁史本来就是选择历史中的桥梁进行描述、解释、说明和评价，为桥梁批评提供批评对象，也为桥梁批评提供了价值观和历史观。没有桥梁美学和桥梁史的支撑，桥梁批评不可能提出真正有价值、有深度的问题。

1）桥梁美学研究进展

现代桥梁美学思想自19世纪开始萌芽，20世纪中后期形成独立的理论体系。目前，桥梁美学的基础理论研究已进入成熟阶段，研究者更关注的是美学在设计中的应用、桥梁的造型研究等。

自20世纪30年代，弗瑞兹·莱昂哈特、加藤诚平、鹰部屋福平、山本宏等国外桥梁学者陆续出版了桥梁美学专著或发表相关论文，探讨了桥梁的美学基础、美的准则、桥梁与环境的关系等问题。

我国学者自20世纪80年代以来开始研究桥梁的美学问题，唐寰澄、樊凡、盛洪飞、和丕壮等学者也出版了一系列桥梁美学著作。我国学者在借鉴国外学者的研究基础上，将中国传统哲学和美学思想应用于研究中，提出了结合中国传统文化的桥梁美学评价标准。21世纪以来，我国学者对桥梁美学的研究开始转向桥梁的美学设计和美学创作，邓文中、腾家俊、林长川、徐利平等学者发表了相关著作，结合设计案例阐述、分析了创作构思，提出了桥梁造型的设计方法。

Martin P. Burke Jr.通过对《环球桥梁美学》中24位桥梁美学专家意见的综合对比后发现，桥梁专家们最关心的是桥梁设计概念中的两个问题。一是桥梁的设计与场所的关系，桥梁的设计不能破坏场所的景观，要融入自然环境和城市环境之中，创造供人见面交流的桥梁空间和人文环境。二是桥梁建筑形式最重要的原则是获得明确的受力结构和清晰的线形，避免那些虚假的、不必要的细节。

龙涛（2006）将近代以来欧美桥梁的发展与建筑史的发展进行对照，发现在不同历史时期，建筑思潮对桥梁美学的发展起到了十分重要的促进作用，桥梁的美学设计可以从建筑思潮中汲取营养。

盛勇在博士论文《桥梁造型》（2004）中研究了桥梁造型的构成要素，提出了造型单元的概念，并在此基础上提出了桥梁造型设计的单元造型法、整体造型法、比例设计法、线形设计法、拓扑优化造型法以及源于环境的造型构思方法。

梁艳在博士论文《桥梁造型质量评价》(2006)中对桥梁造型质量评价的概念进行了定义,系统分析了桥梁造型构造质量、视觉质量、想象质量的评价因素,提出了桥梁造型评价体系。

罗晓瑜在博士论文《桥梁的造型价值》(2012)中提出了桥梁的造型价值的概念,分析了桥梁价值创造的主要内容,研究了拓扑找形法、力线找形法、多元聚合造型法、空间参数造型法等桥梁造型方法,并应用于桥梁设计。

张孝俊在硕士论文《城市桥梁的建筑美学》(2016)中研究、分析了新古典主义桥梁、新现代主义桥梁、解构主义桥梁、技术主义桥梁、有机主义桥梁等不同建筑风格城市桥梁的审美表现与审美价值。

2)桥梁史研究进展

桥梁史学方面的主要著作有 H. G. Tyrrell 出版的 *History of Bridge Engineering*,茅以升主编的《中国古桥技术史》、唐寰澄所著的《中国古代桥梁》,项海帆等编著的《中国桥梁史纲》等。

1911 年,H. G. Tyrrell 出版了 *History of Bridge Engineering*。该书分五个阶段介绍了桥梁的发展史:古埃及、古巴比伦、波斯的桥梁;古罗马桥梁;中世纪桥梁;文艺复兴桥梁;现代桥梁。对现代桥梁又按照材料和体系的不同进行了分类描述。H. G. Tyrrell 认为桥梁专业的学校教育没有关于桥梁史的内容,桥梁专业工作者也不关注桥梁的历史造成了桥梁的发展缺乏文化的传承。

《中国古桥技术史》(1986)和《中国古代桥梁》(1987)介绍了我国古代桥梁的主要发展阶段,研究了古代桥梁的结构体系特点、施工技术和建筑艺术。

2000 年,王其明在《中国古桥艺术评述》一文中认为中国古桥达到了非常高的艺术造诣,具有与自然环境协调的优美造型,经常成为风景的焦点、城市的标志、园林中不可缺的组成部分、山水画的构图中心。

2007 年,刘丽等对赵州桥的多维价值进行了研究,认为赵州桥除了最初的交通功能外,已经成为文化的载体、历史的记忆、审美的对象和社会理想的寄托。

2009 年,项海帆等出版了《中国桥梁史纲》,介绍了自公元前 21 世纪的夏朝直至 21 世纪中国桥梁从古代、近代到现代的发展史,描绘出中国桥梁的历史纲要和主要骨架。项海帆提出我国桥梁界的技术总结和有关文章缺少国外同行对概念设计和创意的生动描述,缺少特色和创意。

蔡景波在硕士论文《桥梁建筑技术与艺术的发展历史》(2016)中研究了文艺复兴以来欧美国家各时期桥梁的建筑特点、设计思想、技术条件,论述了桥梁建筑技术与艺术的发展脉络。

值得一提的是，Paya Zaforteza 于 2010 年在论文《On the Development of Structural Criticism through Case Studies》中提出了“结构批评”的概念，认为结构批评主要和结构的效率、经济性、美学和文脉有关，并对两座斜拉桥进行了对比批评。

2016 年，李莹在论文《Conspectus of bridge criticism》中提出了桥梁批评的概念，并对桥梁批评的基本理论主体论、价值论、符号论和方法论进行了分析与阐述。

在各类桥梁史和桥梁美学的著作中多少都涉及桥梁批评的内容，但总的来说，针对桥梁批评的专门研究刚开始起步，尚未建成完善的理论体系。

1.2.3 桥梁设计评价方法

桥梁设计评价的主要工作是桥梁方案的比选，是一个多目标综合评价问题，主要研究内容有评价指标体系的构建、指标权重的确定以及综合评价方法的选择。由于桥梁方案比选的评价指标有可定量的指标，也有定性的指标，各指标之间还存在相互影响的作用，需要选择适用的方法。

苏为华的博士论文《多指标综合评价理论与方法问题研究》(2000)系统地研究了多目标综合评价指标体系的构建与优化理论、指标权重的计算方法、多元统计综合评价方法和模糊综合评价方法。

T. L. Satty 于 20 世纪 70 年代提出了将定性和定量相结合的多目标决策方法—层次分析法，但层次分析法没有考虑不同子系统(子目标)内的因素之间的影响。1996 年，T. L. Satty 将层次分析法进行了改进，提出了适应更复杂结构的网络层次分析法，充分考虑了各元素或相邻层次之间的相互影响，通过构建元素间的比较矩阵，利用超矩阵对各元素进行综合分析得到混合权重。网络层次分析法既可以用于多目标的决策，也可以用于对各影响因素的权重的计算。

张哲、胡国祥等提出了桥梁方案多目标模糊决策模型，将众多评价指标分层考虑，对定量指标直接用公式计算隶属度，对定性指标采用二元对比法计算相对隶属度，最后根据计算出的各方案优属度值进行排序。这一方法的不足在于未计入评价指标的相互依存关系；隶属度的二元对比方法只适用于单一主体的情况，而且方案阶段能给出具体数值的评价指标很少，大多数指标难以直接计算隶属度，对最终的结果影响有限。

2007 年，孙宏才等用网络层次分析法对应急桥梁设计方案进行了比选，综合考虑了安全性、耐久性、经济性、可制造性等影响因素的相互影响，通过计算得出各方案的排列次序。直接用网络层次分析法进行方案比选适用于像应急桥梁这样影响因素数量较少、评价主体单一的情况。

2010 年，H. Malekly 等提出了质量功能展开法（QFD）——逼近理想解排序法（TOPSIS）的桥梁概念设计模糊综合评价模型，用模糊质量功能展开法计算评价指标权重，再用模糊逼近理想解排序法计算出各桥梁上部结构方案的综合优越度，并在公路中小桥的概念设计比选中得到了有效的应用。该模型引入了模糊域的概念，弥补了逼近理想解排序法的不足。但质量功能展开法是针对单一主体的权重计算法，应用范围受到了限制。

赵松旭、杨霖涛等采用模糊综合评价对桥梁方案进行了比选，具体方法是采用层次分析法确定指标权重，再采用专家打分法得到指标评价值，最后用模糊综合评判的方法计算出各方案得分。

马士宾、旷志龙等将突变级数法应用于桥梁方案评价，根据突变归一公式进行量化递归运算，计算出不同桥型方案总突变隶属函数值，实现对桥型方案的比选。突变级数法的优点在于各指标的重要性及量化是根据归一公式的内在机理决定的，不用计算指标权重。但突变模型的评价子目标的下级指标个数不能超过 4 个，限制了评价指标的设置。另外，突变模型的评价结果虽然可以得到方案优劣的排序，却难以明确方案的等级。

2017 年，王智远等建立了 AHP-TOPSIS 桥梁设计方案优选模型，采用层次分析法计算指标权重，再运用逼近理想解排序法（TOPSIS）计算出各设计方案的综合优越度，最后得到各方案排序。逼近理想解排序法对于定性指标还是要通过专家打分等方法确定其评价值，理想最优解是根据已有方案进行虚拟的结果，最终的计算结果只能说明方案相互比较的优劣，不能说明绝对的好坏。

1.3 桥梁批评的内涵与特性

1.3.1 桥梁批评的内涵

《现代汉语词典》对批评一词的解释有两条：

（1）指出优点和缺点；评论好坏。

（2）专指对缺点和错误提出意见。

牛津英语词典对 criticism 的释义为“The art of estimating the qualities and character of literary or artistic work”。“批评”(criticism)作为一个学术术语源于希腊文,意为“判断”。批评作为学科名称的用法最早始于欧洲的“文学批评”(literary criticism)。“建筑批评”也是对“architecture criticism”的翻译。汉语中原本并没有“文学批评”或“建筑批评”的词汇。也有学者将建筑批评称为建筑评论的。在习惯上,批评多用于学术研究,强调一般理论和方法;评论多用于杂志刊物中的文章、栏目或者是具体的言论。

本书中提出“桥梁批评”的概念,并做如下定义:桥梁批评是运用正确的理论和方法,科学地、艺术地、全面系统地对桥梁及与桥梁、桥梁设计师的创作思想、桥梁设计建造及演变的全过程的鉴别和评价,并对影响桥梁设计、建造和使用全过程相关的社会、历史、文化、经济和政治等因素进行说明、解释和评价。桥梁批评的重点内容是对桥梁的价值与意义的判断与评价。需要说明的是,桥梁的技术判断也是批评中不可缺少的内容,但不是桥梁批评的重点。

广义地说,桥梁批评的对象包括与桥梁及与其相关的所有人物、事件和活动,即桥梁实体或作品、桥梁设计师的创作思想、桥梁设计、建造和使用的全过程,还包括影响桥梁实践的自然环境、社会环境和精神生活的各个领域。桥梁批评活动的形式也是多种多样的,有理论批评也有应用和实践批评。撰写文章或专著是桥梁批评,桥梁设计中的构思、修改、讨论,桥梁建设和使用中的改造,桥梁方案、桥梁奖项的评选等也包含桥梁的批评活动。

除了交通功能以外,桥梁中还包含文化艺术价值、科学技术价值和社会历史价值等。桥梁批评不仅需要理性的思考,还需要感性的体悟。专业的桥梁批评涉及桥梁工程以外的很多学科领域,如建筑、艺术、哲学、语言学、符号学等。其中,建筑批评的理论是桥梁专业以外桥梁批评最重要的理论来源和思想来源。由于对桥梁的研究与实践并未像建筑那样分为建筑学和建筑结构两个专业领域,对桥梁的批评也应该是建筑形式与受力结构的统一。桥梁工程技术领域的理论与实践也是桥梁批评重要的依据。

在众多学科汲取思想源泉的基础上,桥梁批评理论研究的核心内容包括主体论、价值论、符号论和方法论。从桥梁专业理论的角度,与桥梁批评关系最紧密的是桥梁美学和桥梁史。桥梁批评是桥梁历史的认识论基础,桥梁史观奠定了桥梁批评的原则和标准。桥梁批评在分析的过程中必然会涉及桥梁美学的观点和方法,但桥梁美学不涉及价值观,桥梁的美学问题只是桥梁批评的一个方面。桥梁史、桥梁美学和桥梁批评的理论是三位一体的,既不可替代又相互关联,共同构成了桥梁创作的思想源泉和判断评价的依据。

桥梁批评不只是对某具体的桥梁工程做专业技术性的质量鉴定和效益评

价，还是一种既具有专业性，又具有广泛社会性、群众性基础的桥梁文化艺术活动。桥梁批评的来源有多种渠道，主要有桥梁和建筑学相关专业的专家学者的批评、广大群众的批评以及业主的批评。桥梁批评是沟通桥梁与桥梁的创造者、公众与社会的重要环节。无论是来自于哪一类主体的、什么样的批评，都不是“审判”，只是代表一种评价标准、一种看问题的角度。没有十全十美的桥梁，也没有面面俱到的批评家。因此，我们应该以积极的、包容的、客观的态度对待批评。

1.3.2　桥梁批评的特性

批评与认识世界“是什么”的认知活动不同，它是一种以把握世界的意义或价值为目的的认识活动。桥梁批评所要指出的不是桥梁是什么，而是桥梁对于人意味着什么，对人有什么意义。

1）主体性

从哲学范畴来看，主体是相对于客体的存在，指对客体有认识和实践能力的人。客体是指可感知或可想象到的任何事物。主体具有独立性、能动性以及有目的地支配和改造客体的能力。批评总是从是否满足主体需要的角度来看客体对于主体的意义。主客体之间的内在关系决定了桥梁批评的主体性特点。从广义的角度看，人类社会是评论的宏观主体，具体的人是评论的个人主体，社会主体是部分或整体个人主体的总和。作为主体的人需要通过实践活动获得认识，并在实践活动中将外在的社会文化转化为内在的认识取向和价值取向。在不同的历史阶段，不同的地域环境下，由于评论主体的知识与经验受到各种制约，即使对同一评论客体也会得到不同的结论。

主体性就是指人在实践过程中表现出来的能力、作用、地位，即人的自主、主动、能动、自由、有目的地活动的地位和特性。桥梁批评的主体性特点表明，批评活动及其结果总是与一定的人、一定的集团和一定的社会利益和审美情趣相联系。桥梁批评活动是社会的活动，桥梁批评的主体是社会的人，桥梁作为客体也是为城市服务的客体。

桥梁批评是揭示批评的客体对于人和人类社会的价值和意义的观念性活动，又是创造未来的桥梁的实践活动。桥梁批评活动建立在主体与客体的实践关系、认识关系和价值关系以及主客体之间的相互作用、相互转化的关系上。

2）科学性和客观性

桥梁批评的主体性和主观性是完全不同的两个概念，不可混淆。个人主体的评论也许不可避免地会有主观性的成分，但是作为批评的宏观主体——人类社会的评论总体来说是科学和客观的。作为批评主体的个人在批评活动中应该追求科学性与客观性，既要尊重和真实表达主观感受，也不能被情绪和情感所控制。尤其是桥梁批评主体中的专业人士，更应该把科学性和客观性作为一种要求。桥梁批评的科学性和客观性可以从客体的科学性、价值关系的客观性、批评结果的实践验证性等几个方面来说明。

首先，桥梁的设计建设必须以桥梁工程的科学知识为理论依据，设计、施工和管理都要遵守国家的规范和法规。桥梁工程不同于艺术品，是关系公众利益的公共建筑，城市桥梁的评论要考察桥梁和城市科学的各种内在联系和规律，是不可随心所欲主观臆造的。

其次，桥梁批评要揭示的作为主体的人和人类社会与作为客体的桥梁之间的价值关系是客观的。在价值关系中，主客体之间的相互作用是一个客观的过程，作用的效果、后果也是客观的存在，是可以被实践检验的。其中，桥梁的各种物质价值，如交通量、经济效益等容易被评估和验证。但是在精神和社会层面的价值效果的客观性往往被忽略甚至否定。辩证唯物主义认为，社会存在决定社会意识。如果批评的主体能够从感性经验抽象出价值事实的本质、规律形成理性认识，就能够实现批评的客观性。

最后，批评的结果是要经受实践检验的。桥梁的安全性、耐久性、经济性都是可以通过时间来考验的。桥梁的艺术性、作为城市景观的社会价值、历史价值也是可以通过时间来检验的。有很多古老的桥梁并没有因为建设的年代久远、技术过时被人遗忘，像古罗马加德尔水道桥、中国赵州桥、葡萄牙的皮亚·马里亚桥等古桥，随着岁月的流逝愈发散发出迷人的光彩。因此，在专业领域，某一个时代或者地区形成的桥梁批评的标准和方法，可以经过时间的检验来证明其科学性和客观性。

桥梁批评必须真正贯彻科学精神才能有生命力，而科学精神的实质，至少应当包括以下几个要素：批评的依据要客观，批评的怀疑要理性，批评的思考要多元，批评的争论要平等，批评的环境要宽松，批评的结论要实践检验。只有贯彻这些科学精神，桥梁批评才能生存和发展。

3）实践性

桥梁批评尤其是批评标准的确立、更新必须基于创作实践，关注现实生活。杰出的批评家往往能够把握时代社会文化的价值取向和社会生产、社会经济、生活方式的发展趋势，从现实的桥梁创作实践中揭示出新观念、新理论，再用以指导或启迪创作；批评作为基于创作实践的理论探索和思想实验过程还可具有超

前意识,从而起到引导创作实践的作用。

同时,批评的标准和规范不是单向的,不仅是桥梁批评的主体制定标准和规范,桥梁批评实践和桥梁实践反过来也会对批评的标准和规范做出调整和修改,这就是批评的标准和规范与桥梁实践的互动性。桥梁批评的主体对桥梁作品进行批评,而桥梁作品的存在也是对批评主体的批评,不断地塑造桥梁批评的主体,从而建立新的桥梁批评的标准和规范。只有在桥梁作品有了相当的水平之后,桥梁批评的主体才会有批评的对象,也才有用武之地。在这个过程中,桥梁批评的主体会从客体中得到启发,获得新的知识和经验,实现桥梁批评与批评客体的互动作用。只有在社会具有一定的认识水平下,桥梁批评才能有批评的对象和批评的气候。

4)创新性

桥梁设计是一种创造性活动,有赖于设计师能动性的充分发挥。桥梁批评基于创作实践,但并非亦步亦趋地跟在设计师后面对作品做一番说明、阐释、总结和归纳,必须运用创造性思维并充分发挥批评者的主观能动性,站在作品的讲坛上发表自己的演说,而不能墨守成规,或人云亦云。所谓批评的创造性体现在多个方面,如评论视角的独特,评论标准的更新,评论技巧的新颖,善于从评论对象中发掘新观念、新思想、新的创作设计手法,或在众口一词的批评中独树一帜、另有见解等。总之,只有创新的桥梁批评才能起到激发学术争鸣、启迪创作智慧、促进桥梁繁荣发展的作用。

5)时代性、历史性、文化性

桥梁批评标准不是一成不变的封闭体系,而是动态发展、不断更新、充实丰富的过程。每个时代的人都会在自己的文化积淀和相互传播中形成一定数量的共同心态、思想和愿望。桥梁批评及其标准应随着创作设计实践和整个社会大文化的发展而发展;尤其是随着现代信息社会的发展,各民族、各地区、各种文化体系,艺术流派、学术团体乃至设计师、理论家和社会公众之间的交流将更加频繁密切,相互开放、相互借鉴,多元共生。动态发展的文化需要动态开放的桥梁批评,也只有动态的、具有探索性的桥梁批评才能有效地促进桥梁的文化交流和创作繁荣。

桥梁批评研究是对桥梁批评理论的研究,旨在建立系统的桥梁批评的理论框架,主要研究内容为桥梁批评的主体论、价值论、符号论和方法论。主体论研究是为了分析不同主体在批评中的作用;价值论研究是为桥梁批评的价值判断提供依据;符号论研究是为了揭示桥梁的建筑形式的含义;方法论研究是为批评提供有力工具。这四个部分相互关联,相互补充,构成了桥梁批评研究的理论框架。此外,本书研究内容还包括桥梁批评的发展历史研究和应用方法研究。桥梁批评的研究不只是为了制定具体的规则和标准,更重要的是论述桥梁批评所涉及的领域,建立理论框架,研究桥梁批评涉及的桥梁的价值与意义等相关问题。

第 2 章　桥梁批评史略

2.1　概述

桥梁批评来自于桥梁的设计思想之中,桥梁作为一种建筑形式的存在本身就是一种批评的方式,桥梁批评的历史和桥梁的历史一样久远。在古典时期,建筑学和建筑工程是合一的,桥梁几乎都是由建筑师设计的,最初的桥梁批评是建筑批评的一部分。近代工业化大生产和技术与艺术教育的分工使桥梁逐渐成为主要由工程师完成的作品,结构和功能的合理性开始挑战传统的美学标准。现代的桥梁工程是一门独立的学科,但现代桥梁在遵循科学原则的基础上又不可避免地受到建筑思潮的影响,桥梁工程和建筑批评理论为桥梁批评提供了科学依据和思想来源。现代的桥梁批评是建立在桥梁工程、建筑批评的基础上,从艺术批评、哲学、美学、现象学等多个领域汲取思想和方法的研究领域。

尽管到目前为止还没有形成体系完整的桥梁批评理论,但桥梁批评的历史从有桥梁的存在就开始了。桥梁批评的历史就是桥梁批评思想和桥梁批评实践的发展史。桥梁批评的历史研究主要着重于不同历史时期桥梁批评思想及理论的发展,以及与其相关的美学思想、建筑批评理论、工程技术发展概况以及桥梁的风格与特点。本章按时间顺序研究桥梁批评发展的历史,主要分为 18 世纪之前、近代和现当代三个主要阶段。

2.2　18 世纪之前的桥梁批评

2.2.1　古典时期

1)古希腊时期

古希腊文化是西方文化的源泉,古希腊的美学思想是西方美学史的开端。

古希腊的美学理论最初就是企图从哲学上理解人类审美活动和文艺实践而产生的,以“和谐”为主要基调。

古希腊的毕达哥拉斯学派认为美就是数字表达的和谐,把音乐中和谐的道理推广到建筑、雕刻等其他艺术形式,探求能够产生美的效果的数量比例。例如沿用至今的黄金分割比例就是他们的发现。

亚里士多德是古希腊美学思想的集大成者,他对美学问题的看法达到了自然科学和社会科学观点的统一,认识到了普遍性与特殊性的辩证统一。亚里士多德认为“和谐”的概念是建立在部分与整体之间的关系上:“各部分的安排见出大小比例和秩序,形成融贯的整体”。他把形式的和谐、对称、比例等因素看成是由内在逻辑和有机整体决定的,奠定了内容决定形式的美学观念。

古希腊时期对和谐美的追求也体现在建筑和城市当中。古希腊建筑讲究形式比例,追求各部分的统一和谐。古希腊各种柱式(图2-1)的细部尺寸之间就存在非常精妙的比例关系,形成了严格的柱式规则。

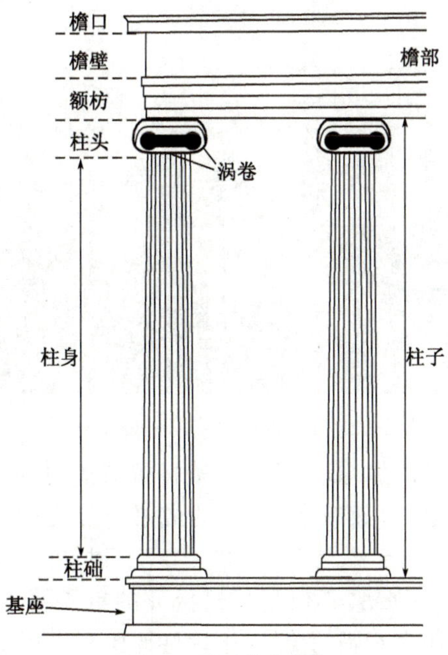

图2-1 古希腊柱式❶

例如柱的直径与高度,柱与柱之间的距离,柱与梁的尺寸之间总是有合适的比例。对建筑和谐美的追求还体现在结构力学性能的协调统一与静态平衡。同

❶来源:陈志华.外国建筑史.北京:中国建筑工业出版社.

样以柱式为例，柱式分为柱础、柱身、柱头三个部分，柱身刻有凹槽，直径从下往上逐渐减小形成稳定支撑；柱头与檐部梁体之间有托板，直径略大于柱身顶端。这样的梁柱构造在外形上和现代桥梁中立柱与盖梁的构造极其相似。

尽管古希腊时期没有建筑理论著作留存，但当时的美学、哲学和建筑思想却深深地镌刻在了那些丰富的建筑文化遗产中。纯粹、精致、追求形式完美的古希腊建筑几乎影响了欧洲两千多年的建筑史，甚至在一定程度上成为了欧洲古典建筑的范本。

2）古罗马时期

古罗马时期的人们不再像古希腊时期那样追求思辨精神和探索精神，而是追求艺术和空间设计技法，建筑审美出现了伦理化和实用化的倾向。古罗马时期拱和券的新结构技术得到应用，建筑无论是体量还是内部空间都有超人的尺度。古罗马时期的石拱桥就体现了建筑师对大尺度体量的把握能力，其中最具代表性的是加尔德水道桥（图 2-2），不仅尺度宏伟、气势豪迈，还表现出了对完美艺术秩序的追求。

图 2-2　加尔德水道桥（Pont du Gard）❶

古罗马是建筑批评的发源地，建筑师威特鲁威撰写的《建筑十书》是目前尚存最早的建筑批评论著。《建筑十书》大约成书于公元前 32—公元前 22 年，是一部包括建筑理论、建筑技术、建筑美学等内容的建筑百科全书。该书中提到的“坚固”“实用”“美观”三要素不仅是建筑批评的重要要素，也是桥梁批评的重要要素。威特鲁威按照古希腊的传统，把理性原则和直观感受结合起来，论述了一些基本的建筑艺术原理。他把建筑美的法则归结为法式、布置、比例、均衡、适合、经营六条原理，并在书中一一做了解释。

---

❶来源：Benh LIEU SONG-Own work， CC BY-SA 3.0，https://commons. wikimedia. org/w/index. php?curid = 33474941。

3)中世纪

中世纪的文化主要就是基督教的文化,和建立在人本主义和现实主义的古希腊、古罗马文化是相对立的。奥古斯丁、阿奎那等美学家在认可古典美学中形式美的原则的同时把美的根源归结于上帝。

宗教影响下的希伯来文化产生了与和谐不同的审美形态——崇高,在艺术形式上表现为各元素的矛盾和冲突。"崇高"特质在建筑中最有代表性的表现形式就是哥特式教堂。直指云霄的尖顶、高耸窄仄的拱门、仰天巍立的钟楼都能让人感受到教堂与神秘天国的联系。

中世纪时期,桥上建筑十分流行,主要有起到宗教作用的小教堂、礼拜堂(图2-3)或起防御功能的塔(图2-4)。如图2-4所示的瓦朗特尔桥就是由六个尖拱和三个塔组成。该桥的桥墩在迎水的一面为三角形,一方面是为了减少了水的阻力,另一方面作为人行安全带增加了桥面的通行空间。瓦朗特尔桥在构图上运用了哥特式建筑的处理手法,垂直的塔和水平的桥面之间存在着无声的矛盾和对立。同时,在细部处理上,塔顶、桥墩的造型都是尖锐的,主拱圈也都是尖拱。尽管哥特风格的桥梁给人以强烈的视觉冲击,但外观形式的完整性、统一性以及一定的比例关系还是体现了古典和谐美的基本原则。

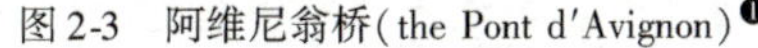

图2-3 阿维尼翁桥(the Pont d'Avignon)❶

图2-4 瓦朗特尔桥(Valentré Bridge)❷

从中世纪的桥梁的构图特点、建筑风格可以看出,文化的传承不是某一些人为的力量可以阻挡或改变的。尽管中世纪建筑和古希腊和古罗马的建筑在外在形象上看起来风格迥异,但内在的规律还是有很多共通之处。批评的思想和理念亦是如此,都是在继承中发展,这也是研究批评史的意义之一。

---

❶来源:Nikon2-Own work,CC BY-SA 3.0, https://commons.wikimedia.org/w/index.php? curid=16332670。

❷来源:Accrochoc, CC BY-SA 3.0, https://commons.wikimedia.org/w/index.php? curid=5012642。

4)文艺复兴时期

14世纪下半叶到16世纪末,欧洲的封建社会日益瓦解,资本主义生产方式逐渐形成,这一时期历史上称为文艺复兴时期。自然科学的发展、人文主义的洗礼使这个时期的美学思想摆脱了神权和教会的控制,主要的审美潮流转变为追求现实中的人性美、世俗美。思想的解放推动了建筑批评理论的发展,该时期主要的建筑批评著作中涉及桥梁的有阿尔伯蒂的《建筑论》和帕拉第奥的《建筑四书》。

阿尔伯蒂继承了维特鲁威关于建筑的基本原理,认为任何建造形式都需要满足三个条件,即合适的用途、持久的结构、优美和令人愉悦的外观。他对建筑美的定义是"美是一个物体内部所有部分之间的充分而合理的和谐"。《建筑论》的第四章公共建筑中提到了桥梁的建造问题,主要探讨了桥梁的选址、木桥和石桥建造中的一些问题。这说明当时的桥梁建造在材料选用、构造处理、桥跨设计等方面已经积累了一定的工程经验。

帕拉第奥在《建筑四书》的第三书公共建筑一章中不仅分析了桥梁建设的一些基本原则,还整理了历史著名桥梁的实例,并介绍了自己设计的两座桥梁。下面以帕拉第奥设计的一座石拱桥(图2-5)为例,说明该时期桥梁设计和批评的思想。

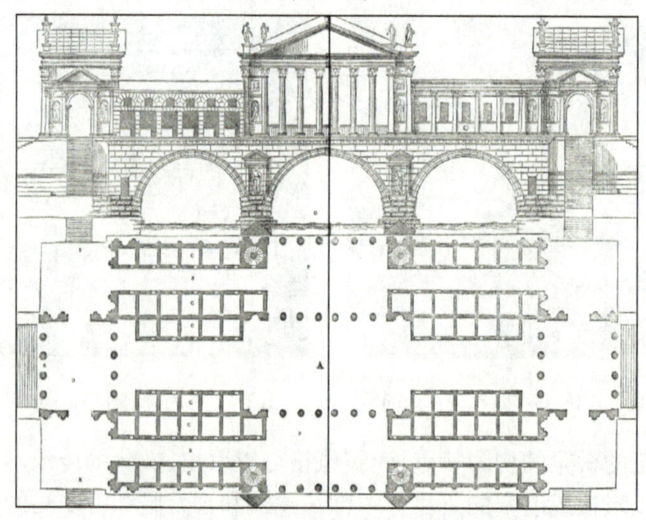

图2-5　帕拉第奥设计的一座石桥❶

该桥位于意大利最大城市的中心地带,不仅交通繁忙而且是商人集会交易的中心。为了适应功能需要,桥面上共设有三条道路,每条道路两侧都设有商

❶来源:帕拉第奥.建筑四书[M].北京:中国建筑工业出版社,2015.

铺。在桥的两端和中央建造了柱廊，用于商人们集会和交易。帕拉第奥认为这样的设计“大大增益桥梁的实用和美观”，因为古代桥梁就有柱廊、铜柱、雕像和其他富丽堂皇的装饰。桥墩的正上方有神龛，神龛的立面有雕像，还有檐口和柱式作为装饰。在帕拉第奥看来，神龛和雕像都是“美丽的点缀”。

帕拉第奥设计的这座石拱桥体现了功能与美学要求的统一。按当时的技术水平，拱跨和桥墩的设计是合理的，也是当时成熟的结构形式。全桥的立面和平面都是对称的，构图的中心是桥梁中跨及桥上的柱廊。中心柱廊的位置在主拱圈之上，柱廊两边的商店在边跨拱的上方，秩序统一。两端的柱廊采用的是罗马式拱券和柱式结合的形式，中间柱廊采用的是希腊柱式，桥梁的拱圈是圆弧拱，建筑形式和谐又各有特点。总的来说，桥梁和桥上建筑构图完整，比例和谐，统一有序，形式完美。尽管从现代的审美来看有些装饰显得多余，但桥梁的整体风格非常符合文艺复兴时期推崇的体量规整均衡、形式多样化、装饰富有雕塑感的建筑审美观点。

2.2.2　古典主义时期

文艺复兴运动到了16、17世纪之交就已衰退，从此西方文化中心逐渐由意大利转移到法国，在绝对君权统治下的法国领导了古典主义运动。在建筑艺术上，古典主义推崇理性，探求具有普遍性、永恒意义的建筑美学原理。认为建筑美在于纯粹的几何形状和数学比例关系，强调局部与整体、局部之间严谨的逻辑性。在布局和构图中，讲究对称均衡，突出轴线，主次分明，在外形上显得端庄雄伟。卢瓦尔河桥（图2-6）和巴黎皇家桥（图2-7）是具有典型古典主义建筑风格的桥梁，由简单的几何形构成，形式简洁、对称，没有多余的装饰。

图2-6　卢瓦尔河桥(Bridge over the Loire in Blois)①

图2-7　皇家桥(Pont Royal)②

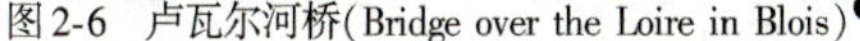

①来源：Diliff-Own work，CC BY-SA 3.0，https://commons.wikimedia.org/w/index.php? curid=15993682。

②来源：Jean-Franζois Gornet，CC BY-SA 2.0，https://commons.wikimedia.org/w/index.php? curid=17745343。

建筑师克洛德·佩罗于1673年出版了文艺复兴之后第一部重要的建筑理论著作——《按照古典方法的五种柱式的法则》。佩罗对建筑批评的贡献在于把批评分为客观性和主观性两种原则。他认为建筑的客观性基础来自于对建筑的使用和建造目的,涵盖了坚固、健康和适用;而主观性的基础就是审美感觉,来自权威和实用两个方面。

2.3 近代桥梁批评(18世纪—19世纪)

18世纪开始,科学技术和工业革命带来了生产和生活方式的变革,出现了新的美学思想、建筑形式和批评理论,新材料、新工艺、新设备以及结构理论的进步为近代桥梁的发展开辟了全新的道路,新的结构形式不断涌现,新的跨径纪录不断刷新。与此同时,18至19世纪主要的建筑风格是以理性主义为基础的新古典主义。新古典主义是一个艺术风格多元化的时代,也是古典向现代转型的过渡时期,古典主义、浪漫主义、折衷主义先后出现,直到19世纪末现代艺术开始萌芽。这一时期桥梁的设计又不可避免地受到复古思潮的影响。

图2-8 原木小屋[1]

18世纪的法国建筑理论家马克·安东尼·洛吉耶神父和意大利建筑理论家卡洛·洛多里修士奠定了功能主义的建筑思想。洛多里主张以功能作为建筑与理性的表现,建筑的表达取决于材料的真实性。洛吉耶强调柱式的结构逻辑性,认为理想的建筑应该由真实的柱子建造。他提出了建筑最原始的形式——“原木小屋”(图2-8)。除此之外,洛吉耶还提出了建筑的原型批评模式。

19世纪初,法国建筑师和建筑教育家J·N·L·迪朗首次提出土木工程是一门独立的学科。他在《古代与现代各类大型建筑对照汇编》一书中将不同地域、不同国家、不同时期的建筑重新绘制,包括各种类型的桥梁,按相同的比例排列在一起,进行比较分析,用类型学的方法引领判断和推理。

法国建筑理论家维奥莱·勒·杜克认识到建筑的平面设计不再是由构图需

[1]来源:马克·安托万·洛吉耶.洛吉耶论建筑[M].尚晋,张利译.北京:中国建筑工业出版社,2015.

要而是由功能需求的任务产生，功能包括使用和审美的必要事项。他认为理论研究是要揭示建筑形式的内在规律，形成形式的原理，产生形式的习俗和理想。杜克强调宗教、政治、地域文化等因素对建筑的影响，建立了建筑的社会批评模式。

近代桥梁形式的发展有两个明显的趋势。一方面由于可靠的建筑材料的应用，结构理论和施工技术的发展，桥梁形式中出现了单纯结构技术的产物，如梅登黑德桥（图2-9）、福斯桥（图2-10）。另一方面，由于当时没有确立新的审美观，对桥梁的美缺乏统一认识，出现了多种历史风格应用于桥梁形式的现象，如哥特复兴风格的伦敦塔桥（图2-11）、罗马复兴风格的梅奈海峡桥（图2-12）。由单纯结构技术决定的桥梁形式推动了现代桥梁设计思想的萌芽，带来了新的技术美学。

图2-9 梅登黑德桥（Maidenhead Railway Bridge）❶

图2-10 福斯桥（Forth Bridge）❷

❶来源：Nancy-Own work，CC BY-SA 3.0，https://commons.wikimedia.org/w/index.php?curid=4295847。

❷来源：Andrew Shiva / Wikipedia，CC BY-SA 4.0，https://commons.wikimedia.org/w/index.php?curid=51291330。

图 2-11 伦敦塔桥(Tower Bridge)[1]

图 2-12 梅奈海峡桥(Menai Straits Bridge)[2]

2.4 现当代桥梁批评(20 世纪至今)

进入 20 世纪,建立在现代科学技术基础上的现代建筑运动摒弃了古典主义的形式主义,注重真实的技术、结构和材料的表现,反对不必要的装饰。以桥梁为代表的纯结构形式的设计促进了"形式追随功能""少就是多""建筑机器美学"等现代建筑观念的产生,也推动了结构美学成为桥梁美学思想的主流。在以莱昂哈特为代表的桥梁学者的大力倡导下,桥梁美学成为桥梁界关注的焦点之一。

[1]来源: Bob Collowân-Own work, CC BY-SA 3.0, https://commons.wikimedia.org/w/index.php? curid = 27412805。

[2]来源: Mick Knapton, CC BY - SA 3.0, https://commons.wikimedia.org/w/index.php? curid = 3688577。

20世纪,桥梁美学理论从兴起、发展并逐渐走向成熟,形成了较完善的理论体系,为现代桥梁批评理论提供了美学评价标准。

一系列伟大的结构工程对建筑师的设计思想产生了极大的冲击,促使他们热情地寻找新的建筑规则,呼唤建筑的变革。现代建筑大师勒·柯布西埃在其经典著作《走向新建筑》一书中热情洋溢地赞美了工程师的工作:“我们的工程师们创造了建筑艺术,他们运用从自然法则中推导出来的数学知识进行计算。通过他们的作品,我们感受到了和谐。因此,工程师们拥有自己的美学,因为他们必须在计算的时候为方程式中的一些项赋值,这时候,美学情趣就产生了”。他认为“在经济法则的控制下,将数学计算与胆识、想象力结合在一起”就是美。他称赞埃菲尔设计的加特比特铁路桥(Garabit Railway Bridge)(图2-13)、米开朗基罗设计的皇家桥都是建筑。吉迪恩也盛赞马拉尔设计的板拱桥(图2-14)去除构造上的一切虚饰而创造出新的审美价值——简单明朗而轻盈飘逸。这也标志着现代桥梁的审美不再以庞大体量作为雄伟的体现。

图2-13 加特比特铁路桥(Garabit viaduct)❶

图2-14 萨尔基那山谷桥(Salginatobel Bridge)❷

桥梁美学思想自19世纪末20世纪初开始萌芽,20世纪30年代开始陆续有桥梁美学的专著出版(表2-1),如卡尔·舍希特勒和弗瑞兹·莱昂哈特的《桥梁造型》,加藤诚平的《桥梁美学》,鹰部屋福平的《桥的美学》等。1976年弗瑞兹·莱昂哈特在国际桥梁会议上倡导各国学会开设桥梁美学分会得到广泛响应,桥梁美学作为一门学科已经被国内外桥梁界所接受,逐步形成了独立的理论体系。

---

❶来源:维基百科,CC BY-SA 3.0,https://commons.wikimedia.org/w/index.php?curid=343732。

❷来源:Rama-Own work, CC BY-SA 2.0,https://commons.wikimedia.org/w/index.php?curid=4794254。

部分国外桥梁美学著作 表 2-1

作　者	出版年份(年)	著　作
卡尔·舍希特勒 弗瑞兹·莱昂哈特	1936	《桥梁造型》(德)
加藤诚平	1936	《桥梁美学》(日)
鹰部屋福平	1942	《桥的美学》(日)
山本宏	1980	《桥梁美学》(日)
弗瑞兹·莱昂哈特	1982	《桥梁建筑艺术和造型》(《Bridge Aesthetic and Design》)
松村博	1988	《桥梁景观的演进》
日本土木学会	1989	《桥梁美学设计指南》
日本海洋架桥调查会	1990—1991	《桥与景观》
美国国家运输协会	1991	《环球桥梁美学》(《Bridge Aesthetics Around the World》)
伊藤学	1995	《桥梁造型》

德国著名桥梁专家弗瑞兹·莱昂哈特是桥梁美学理论的奠基者,他的著作《桥梁建筑艺术和造型》(《Bridge Aesthetic and Design》)研究了和桥梁有关的美学问题,提出了桥梁美学设计准则。莱昂哈特从哲学角度肯定了建筑物美的属性是客观存在的,与少数人是否认识到无关,而美学价值则是取决于人的感觉和认知。他提出了由美学特性引导出的设计准则并详细分析了如何将这些准则应用于各种不同的桥型。莱昂哈特在书中对古代以来的多座桥梁进行了评价,评价的标准主要是结构和功能的合理性以及他总结的美学准则。

1991 年,《环球桥梁美学》出版,集中了全世界 24 位桥梁美学专家对桥梁设计美学方面的看法和观点。这些观点中关注的重点不是桥梁美的外在形式,而是桥梁的建筑形式与结构形式的关系、桥梁设计与所在场地的关系、桥梁的空间与形式设计除了交通功能以外还应该考虑人们彼此碰面的人性化的需要等。对桥梁的建筑形式所体现的内涵与意义的思考标志着桥梁美学理论走向成熟。

我国的桥梁史和桥梁美学理论研究工作从新中国以后才步入正轨,20 世纪 50 年代起陆续有桥梁史和桥梁美学著作出版(表 2-2)。茅以升、梁思成、唐寰澄、罗英等是我国早期研究中国古桥史的主要学者,先后出版了《中国石桥》《中国古桥技术史》《中国古代桥梁》等著作。项海帆、潘洪萱等学者在此基础上编写了包括近代和现代桥梁史在内的《中国桥梁史纲》,描绘出了中国桥梁的历史纲要和主要骨架。

部分国内出版的桥梁美学及桥梁史书籍　　表2-2

作　　者	出版年份(年)	著　　作
罗英	1957	《中国石桥》
《桥梁史话》编写组	1979年3月	《桥梁史话》
唐寰澄	1981	《桥》
	1987	《中国古代桥梁》《桥梁建筑艺术》
	2000	《桥梁美的哲学》《中国桥梁技术史·桥梁卷》
潘洪萱	1982	《古代桥梁史话》
茅以升	1986	《中国古桥技术史》
韩伯林	1987	《世界桥梁发展史》
张辛泰	1987	《中国铁路桥梁史》
樊凡	1987	《桥梁美学》
盛洪飞	1999	《桥梁建筑美学》
和丕壮	1999	《桥梁美学》
邓文中	2003	《造桥三十六年》
	2012	《造桥构思》
	2014	《桥梁话语》
徐风云	2007	《桥梁审美原理》
张先勇	2008	《道路与桥梁工程美学》
腾家俊,沈平	2008	《现代桥梁建筑设计》
王应良,高宗余	2008	《欧美桥梁设计思想》
项海帆,潘洪萱,张圣城,范立础	2009	《中国桥梁史纲》
林长川,林琳	2014	《桥梁设计美学》
徐利平	2017	《城市桥梁美学创作》

唐寰澄的《桥梁美的哲学》一书研究了西方美学和中国美学的哲学基础,在此之上提出了桥梁美学中的诸范畴和普遍法则。唐寰澄提出桥梁的功能和意境是要表达的基本内容,材料、结构、技术是实现内容的手段。桥梁的形式不同很大程度上是材料、结构、技术特性的反映,因此材料、结构、技术的特性也属于桥梁形式的范畴。他强调桥梁既要表现为艺术形象,又要实现形式和内容的表里一致。他还创造性地将中国美学中的八个相对面(刚柔、动静、阴阳、虚实)作为评价标准,对几种典型桥型进行了赏析。

21世纪以后，学术界对桥梁美学的基础理论的研究逐渐转向美学设计、美学创作的研究。邓文中把造桥当成艺术，他在著作《造桥构思》中介绍了自己参与设计或建造的多座国内外桥梁，着重阐述每座桥的设计理念和美学构思。在《桥梁话语》一书中，邓文中阐述了他在桥梁设计建造中的体会，如造桥的艺术境界、创新与安全、美观与经济、价格与价值、安全与寿命等。书中内容虽未成理论体系，但涉及了桥梁批评中的很多关键问题，体现了桥梁批评的思想。

20世纪中期的建筑界开始对现代建筑进行反思，20世纪70年代末后现代主义建筑思想开始出现，建筑批评进入了向多元化的后现代时期转型的过程。建筑批评将关注的重点转移到空间、文脉、场所与建筑的关系，建立了新的批评范式。当代的建筑批评向哲学、心理学、符号学、语言学、价值科学、现象学等多领域开放，实现多学科交叉的理论研究和更深层次的理论探索。

目前，桥梁界已经开始关注现代建筑中与桥梁相关的“建筑空间”“建筑符号”“场所精神”等问题，桥梁批评理论研究还停留在美学层面。同时，除了少数建筑师的桥梁作品以外，广大的桥梁工程师的设计思想和设计风格只是呈现出单一的线性发展的趋势。尽管已出版的桥梁美学和桥梁史著作有大量的历史和现代桥梁的介绍及评析，但学术界还没有形成系统的桥梁批评理论体系。新的时代需要新的桥梁美学思想，也需要新的桥梁批评理论。

第 3 章　桥梁批评主体论

3.1　概述

桥梁批评是一种认识活动，是对桥梁、社会文化环境、设计师的思想、桥梁的设计、建造和演变过程的认知活动，也是把握桥梁对所在地区甚至是人类社会的价值和意义的认识活动。桥梁批评活动是由主体与客体共同建构的。桥梁批评的主体一般是指从事桥梁批评活动的人。桥梁批评的客体一般包括桥梁及与其相关的所有人物、事件和活动，是批评的对象。

桥梁是人类最初为了实现交通目的而进行的改造世界的产物。桥梁批评就是要研究桥梁客观存在的属性和主体人的需要之间的关系是什么，怎样才能更好地实现这种关系。在客体属性不变的情况下，主体的需要是批评结果的决定性因素。桥梁批评主体的组成是多元化的，对不同主体的透彻分析将有助于从理论源头上对桥梁批评作出全面、科学的认识。

桥梁批评的目的是为了促进桥梁建设，繁荣桥梁创作，提高桥梁鉴赏能力。桥梁批评需要批评主体在外部对桥梁进行观察，在内部进行体验，通过思考和感受得出判断。这就需要批评者自觉认识批评主体应该有的理性思维和判断能力，也就是批评意识。主体对桥梁的批评还需要通过媒介的传播来实现，不同的传播方式也是桥梁批评的影响因素之一。

因此，对桥梁批评主体的研究是必须的。本章的研究内容主要有不同类型的桥梁批评主体，桥梁批评的主体意识，桥梁批评的媒介。

3.2　桥梁批评的主体

桥梁批评的主体是批评活动的发起者和承担者。桥梁批评的来源有多种渠道，常见的有桥梁专家、桥梁设计师、建筑师、艺术家等专家学者的批评，广大市

民的批评,还有政府部门或者投资者的批评。根据社会属性的不同将桥梁批评主体分为个人主体和社会主体。个人主体的批评一般是批评活动中最常见的方式,主要表达的是个人的需要和观点。广义地说,社会主体代表的是整个人类社会的利益和需要。社会主体也有可能是某个地区的居民或某个特定的社会群体等等。个人主体是社会主体的一分子,个人主体的需要在一定程度上反映了社会的需要。社会主体在人数上可以看作部分或所有个人主体的总和,但整个社会的需要不能简单地看作个人主体需要的总和。个人主体的批评多大程度上能代表社会主体的需要跟个人主体在批评中的立场和角度以及自身能力是有很大关系的。个人主体的批评中应该被着重关注的是广大群众的共同呼声和其中的专业人士提出的系统化、理性的权威评价。

桥梁批评主体的组成是复杂多样的,批评主体在专业水平、知识背景、文化层次、审美情趣、个人性格、价值观念等方面有着相当大的差异。这些差异必然会导致批评结果的不同。按照与专业相关程度的不同主要分为三类批评主体:普通大众、专业人士、权力人士。以下将详细讨论这三类批评主体的特征。

3.2.1 普通大众

普通大众批评主体是桥梁批评最广泛的批评主体,包括公众批评主体和个人批评主体。尽管普通大众批评主体人员构成复杂,不具备系统的桥梁专业知识,个人的文化层次、审美趣味、人生经历各不相同,批评标准很难统一,但大众的批评代表着社会批评感性的、直观的水平,是社会批评最基本的形式。

以城市桥梁为例,桥梁所在城市的市民是桥梁的使用者,也是最重要的批评主体。市民对桥梁的批评比其他作为旁观者或者参观者的公众批评重要得多。城市是人类出于聚居的需要而创造的人造空间。随着时间的流变和城市居民繁衍生息,这个庞大而复杂的空间在物质属性的基础上叠加了社会、历史、精神、文化等众多元素。城市市民的生活、工作、教育、情感等丰富的人生体验使得他们对赖以生存的场所——城市的需要越来越多元化。市民是城市的主人,是桥梁的使用者。市民最关心的是桥梁的实用功能,比如出行时间的缩短,行车的舒适等。生活在桥梁周边的市民还会关心交通噪声对生活的影响,有些高架桥还会影响附近居民的步行出行距离。市民对桥梁的实用功能的批评总体上应该是一致的,也是非常值得设计师等相关专业人士重视的。此外,桥梁是否与周边的建筑、环境相协调,桥梁的建筑形象是否与城市的历史文化相一致,也需要重视。市民的批评也是真情实感的流露,如旧金山的金门大桥、布拉格的查理大桥、上海的外白渡桥都已经成为当地居民的集体记忆的象征。

近年来,我国很多城市建设主管部门越来越重视市民的意见,在桥梁方案评选活动中广泛地征求市民意见,甚至有些情况下直接将市民投票最高的桥梁作为最佳方案。例如:2016年10月湘潭市交通运输局通过"湘潭交通"微信公众号发布了即将新建的下摄司大桥的两个备选方案并邀请市民投票。两个方案从结构、功能和造价的角度来看都符合设计要求。本次投票活动得到了市民的广泛关注,共有88661名市民关注,有12078名市民参与有效投票,600余名市民留言献策。最终的投票结果是方案一"湘江碧波"获得6913票、方案二"丹凤朝阳"获得5165票。市交通运输局相关负责人表示充分尊重投票结果,决定将市民投票较高的方案一"湘江碧波"定为下摄司大桥桥型。

从以上的案例可以看出,作为城市的主人,市民对身边的桥梁建设不仅有极大的热情,还有最直接的体验,会在内心有最真实的批评。市民的评论留言反映出对方案的选择是通过很认真的思考的。最终选用了市民投票最高的方案也说明市民对桥梁批评的作用和影响力越来越得到认可和重视。

当普通个人作为社会大众的一员,或是参观者参与批评时,一般说来具有零散的、明显的个性化特征,他们所采用的价值标准通常是以桥梁的精神功能价值为主导的价值标准。他们的批评,往往是从个人的利益、好恶出发,对桥梁设计作品作出批评。普通人作为个人批评主体,由于专业知识的匮乏,往往以个人的切身体验、心理感受、自我理解作为评价的标准,因而常常缺乏系统性,理性化程度低,甚至有非理性倾向。

尽管公众总体缺乏桥梁专业的知识积累,他们对桥梁的批评更多出于感受和体验,属于鉴赏类的批评,而不是分析型的批评。但由于社会主体成员的普遍参与,公众的批评能较为全面和直接地反映桥梁的社会价值效果,因此,它是其他层次的社会批评的感性资料来源,构成了社会批评中的基础。公众的批评的作用不仅体现在直接的批评活动中,还体现为批评活动成为培育公众桥梁建筑艺术情趣的土壤。

3.2.2 专业人士

专业人士主要是指桥梁和建筑学两个专业的从业人员,有桥梁工程师、设计师、桥梁专业的研究人员、建筑师、建筑理论家等。专业人士的批评具有深厚的理论基础和知识背景,具有经过长期专门训练和培养的批评意识,专家的批评对桥梁的发展具有重要的指导意义。专业人士的批评主要是通过专著,或通过他们在各种评审委员会、评奖委员会中参与桥梁方案评选选出获奖者,以及发表在报章杂志或各种会议上的论文作为媒介展开的。

桥梁专业人士主要是指桥梁设计师、工程师、桥梁专业的研究人员，从个人批评主体来说也有可能是身兼数职的。桥梁设计师是一个比较特殊的群体，他们不仅有专业知识，可能成为批评的主体，也有可能成为批评的客体。桥梁研究人员主要是研究院所的工作人员、高校教师和学生。从广义来讲，桥梁工程师是包含设计师的，考虑到设计师兼具批评主体、客体的双重身份，本章节中提到的桥梁工程师主要是指进行桥梁施工、检测、维修养护等工程的工程师。

桥梁设计师作为批评的主体可能有两种角色，一种是批评自己设计的或参与设计的作品，一种是批评他人的设计作品。作为桥梁作品的构想者和创造者，设计师参与自己作品的批评理应最具有发言权。设计师应该是对自己的作品最了解的人。他们了解设计的要求、设计的外部环境和背景，是最能说清楚作品的设计过程和背景的人。

设计师参与了设计的全过程。从最初的构思到形成概念是设计师最具创造力的设计阶段。从概念到方案需要将思想落地，这个阶段设计师既需要创造也需要表达，还要受到很多设计要求的限制。形成设计方案以后，需要解决的更多是技术问题。整个设计过程中，设计师对于各种问题和选择有过审慎的思考、深入的分析和权衡。好的设计师在设计与实践活动中能培养出敏锐的感觉和判断力，在批评他人的作品时也更专业、实际、合乎逻辑。例如：莱昂哈特、邓文中等优秀的桥梁设计师不仅乐于分享自己的设计创作过程，并对桥梁的设计理念、美学构思等问题有深入的思考和分析。

桥梁专业研究人员有深厚的专业基础和理论知识，一般专注于某一个研究领域并有专长。这些研究人员专业素质高，擅长独立思考。新中国成立后，我国有很多桥梁研究人员关注桥梁美学、桥梁历史和桥梁设计思想，并有一系列论著出版。他们对桥梁的批评要比普通大众更加深刻、理性、全面，对桥梁的发展具有指导意义。例如：茅以升、唐寰澄等老一辈桥梁专家不仅主持建造了我国早期的大型现代化桥梁，在晚年仍然笔耕不辍，撰写了一系列桥梁史书、桥梁美学著作。他们有丰富的桥梁历史知识，了解桥梁工程的发展脉络，关注桥梁的历史、文化价值。这些桥梁史学家们在撰历史写书籍时对桥例的选择、比较、说明和诠释本身就是桥梁批评的一种方式。

著名桥梁专家唐寰澄先生自 1957 以来陆续出版了《中国古代桥梁》《桥》《桥梁美的哲学》《桥梁建筑艺术》《中国桥梁技术史(第一卷)》《世界著名海峡交通工程》《中国木拱桥》等一系列桥梁美学与桥梁史的著作。他认为桥梁建筑的美是有一定标准的，就是能遵循客观规律并引起人正面评价的主观感情。建筑艺术是安排空间的实用艺术。作为建筑艺术的分支,桥梁建筑艺术的特点是"相对于房屋建筑的封闭空间而言,所提供的空间是一条开敞的跨越的通路"。建筑的形式与内容的统一、主观与客观的统一是美的必要条件,同时建筑的内容对人有积极的作用才能使人得到美的感受。功能在内容上起主导作用,是决定形式的主要因素。唐寰澄先生在《桥梁建筑艺术》一书中深入分析了桥梁建筑艺术的特性和美的规律,为桥梁批评提供了标准。

此外,还有很多建筑师也积极参与了桥梁的批评活动。18世纪之前的很多建筑理论著作中都涉及对桥梁的批评。现代建筑理论家中的柯布西埃、吉迪恩等在著作中对桥梁体现出的结构合理性及技术美都给予了高度的赞赏。现代的很多建筑师对桥梁批评活动也有极大的热情,但由于大多数建筑师对结构理论的了解程度有限,他们主要是从建筑学的角度对桥梁进行批评。《世界建筑》杂志在2016年3月出版了一本题为《步行桥:无论何处》的专刊。建筑师们从慢行交通系统的实现,如何诠释地区文脉特征,如何将科技挑战与人类尺度相结合,如何使传统结构类型产生新的表达形式,如何将人工环境与自然环境、结构物与场地特性相融合,如何展现桥梁的象征意义等角度对国内外典型的人行桥进行了分析。建筑师们对桥梁的批评视野开阔,更富有人文情怀和艺术感悟,弥补了桥梁设计师和工程师的不足,值得借鉴。

古斯塔夫(Gustavo Ambrosini)在《跨越风景的步行桥》一文中从景观适宜性的角度阐述了步行桥的设计:"步行桥设计需要高新技术的支撑,又关注人的尺度;每一项技术创新都需要与桥梁上跨和慢行问题产生联系:因为每座步行桥都终将被人们经过、踩踏、抚摸、凭眺。步行桥关系到景观的再造问题:它融入周围景观,却又开辟了一片从未存在过的场地——一条空中的通路;它既是一个被观赏的客体,又是一处目光的出发点。象征意义或是物理意义上的步行桥都会对公共领域产生影响:它既是一种纯粹的符号,又是一种引入新地貌和新互动的媒介;还是一种像街道、广场、公园一样具有独特行为和功能的公共场所。"

目前,我国的桥梁研究人员主要是高校教师和科研院所的工作人员和研究生。他们一般都有扎实的专业理论基础,丰富的科研经验。但由于高校和研究所的科研任务和要求的局限性,他们一方面欠缺工程实践经验,另一方面也欠缺更丰富的人文艺术理论。他们的批评更多的局限在工程技术领域,对桥梁的文化内涵和社会价值往往缺少关注。因此,在发展桥梁批评理论的同时还应关注专业的桥梁批评人才的培养,鼓励设计师和研究人员积极参与桥梁批评的实践活动和理论研究。

3.2.3 管理者

管理者主要是指被授予评价决定权力的个人,是一种“特殊”的个人。一方面管理者也是一般的个人、平凡的人,对桥梁作品也有自己的看法、理解和评价。从这个意义讲,管理者也是普通大众批评主体。另一方面,管理者又是特殊的个人,他们有着对设计作品的决定权。无论是作为个人,还是代表一个社会层面主体对设计的评价,都要比任何人有“权力”得多。在我国的桥梁批评中,管理者批评主体主要包括政府领导、交通和建设行政主管部门等。有时,批评主体的地位是不平等的,桥梁批评往往成为管理者单方面的活动,设计师甚至被排斥在批评之外。

政府领导在作为评价主体时,对于设计作品有着特殊的要求与需求。这种需要是指不仅仅从建筑的层面上思考设计批评的问题。由于管理者的特殊地位,各种“广义”的矛盾都在他们那里交汇、聚焦,这就决定了他们往往比一般人都需要站得高、看得远、想得深。他们进行设计批评时,往往是从整个社会的视角,相对比较全面地进行批评。所采用的创新价值标准也是一种复合标准。

交通和建设行政主管部门是在桥梁设计活动中直接监督管理设计全过程的政府部门和机构。交通和建设行政主管部门是法律法规明确的执法主体之一,在桥梁设计批评中占有很重要的地位。从制定有关桥梁设计的标准规范到建筑工程的设计、施工、监理、竣工验收。他们作出的设计批评甚至具有法律效力。由于行政主管部门一般情况下都是由相关专业人士组成,比较清楚桥梁设计的特点和全过程。他们判断桥梁设计的价值标准往往是从城市整体的综合价值出发,带有强制性评价的特点。

普通大众是桥梁最广泛的使用者,他们的批评出于直觉和实际需要,尽管缺乏专业知识,但也仍应该得到重视和关注。专业人士的桥梁批评更具有理论性、全面性和前瞻性,也有由于经验不足带来的局限性,不同专业或行业领域的从业人员需要多交流,互补短长。管理者往往掌握着设计方案选择最大的决定权,更应该听取多方意见,注重自身学习。在桥梁批评活动中,应根据不同主体的特点充分发挥其作用。

3.3 桥梁批评意识

批评是一种理性的、系统的、长期的,由无数的事件和过程组成的活动,是理性的思考现在、构建未来的活动,指导这些活动的思维方式就是批评意识。桥梁设计建造的整个过程中都包含着批评意识。不仅是对已经建成的桥梁，在桥梁的可行性研究阶段、设计的创造过程、方案比选阶段、建设以及欣赏的过程中，都需要桥梁批评的介入。例如：在创作的过程中，如果设计师能够以批评的眼光审视自己作品的每一次改进和优化，就有利于得到在已有条件下的最佳作品。

桥梁批评意识就是批评者自觉认识批评主体应该有的理性思维和判断能力，自觉地用批评的观点对待设计作品，理性地思考和分析，在批评中进行再创造的意识。这就需要批评主体努力提高艺术素养，增加专业知识积累，培养批判精神和内省精神，培养敏锐的感悟力和判断力，从而具有良好的批评意识。

3.3.1 社会意识

桥梁是公共建筑，一般是城市道路、公路或铁路的一部分，是为人民大众服务的。桥梁的设计建造不仅受社会发展的物质程度的制约，也会受到社会意识形态和大众观念的影响。不仅如此，纵观桥梁发展史，每一时期的桥梁设计或多或少地受到建筑思潮的影响。所以桥梁批评必须结合现有的社会基础，从历史变迁的角度进行考察，同时还要用发展的眼光看待问题，肩负起推动社会进步的责任。

每一个历史时期，在不同的地区，建筑材料、科学理论、经济基础和美学观念都是不同的。即便是同样的地质条件、同样跨径的桥梁，发展中国家和发达国家选择的设计方案也会有所不同。

举例来说，美国旧金山奥克兰海湾大桥的东岸跨桥在1989年的地震中损坏。由于加固原有基础和结构所需费用巨大，因此，业主加州交通厅决定修建一座新桥。加州政府能提供的基础建设的基金只能重建一座最便宜的能抵抗当地可能地震的新桥，然而湾区居民对州政府设计方案的美观度不满意。湾区居民希望新桥要美观，要与周围的环境协调，尤其是要与奥克兰海湾大桥的西岸跨和相邻的金门大桥协调，并为此成立了代表居民的工程设计咨询小组。小组由34名成员组成，除了少数社区代表，主要是工程师和建筑师。他们通过向民众征询意见，并举行了公听会。最终决定桥型必须是斜拉桥或自锚式悬索桥方案，另外附加多达17条建议。建议中除了功能要求还提到了对桥梁造型的要求：必须是单塔，单层桥面；塔高不能超过西岸跨桥塔高度；不使用钻石型塔。两个设计团队根据要求分别设计出了斜拉桥和悬索桥方案。代表湾区居民的咨询小组最终选择了相比之下造价更昂贵的自锚式悬索桥方案。悬索桥方案总投资36亿美元，除了州政府承担部分外，其余的21.5亿美元将由过桥人支付。这21.5亿美元完全是为了使桥梁的景观效果更好付出的代价，而这也是湾区居民主动选择的。

旧金山奥克兰海湾区居民的选择表达了一种强烈的批评意识，宁愿自己付出更大的经济代价也要保证桥梁的功能适用和美好的景观效果。事实证明，湾区居民的选择是正确而有远见的。奥克兰海湾桥的西岸为四塔六垮悬索桥，桥塔颜色接近浅灰，形式为带斜腹杆的桁架式。远处相邻的金门大桥为双塔悬索桥，桥塔颜色为红色，形式为带横撑的钢构式。奥克兰海湾东岸新建的桥梁为独塔自锚式悬索桥，塔柱和缆索为白色（图 3-1）。新桥无论在主塔数量、形式、颜色上和已建的两座桥梁都既有变化而又相互协调。新桥的主缆在主塔两侧的长度不等，由塔顶向外延伸，形成几条优美的弧线，和竖直向上、刚劲稳健的主塔构成明确而又丰富的视觉效果。

图 3-1 旧金山奥克兰海湾大桥全景❶

由此可见，桥梁批评的主体，无论是当地居民、设计师、专家或者业主都应该具有一种社会责任感，把自己放在社会发展的背景下思考问题，用社会历史进步的观念，通过客观而有远见的批评活动推动桥梁建设的发展和进步。

3.3.2 功能意识

桥梁是为了实现跨越的功能而建造的，满足功能的要求是桥梁设计最重要的任务。桥梁是道路的组成部分，当道路跨越河流、峡谷或者连接两地的时候就需要建造桥梁。从古罗马时期的输水道桥到形态各异的现代桥梁，无论在哪一个历史时期，满足交通功能都是桥梁存在的基础，建筑形式是用来表现这种功能和需求的。因此，桥梁设计中应当遵循按功能进行设计的原则。

---

❶来源：Mariordo (Mario Roberto Durán Ortiz)-Own work, CC BY-SA 4.0, https://commons.wikimedia.org/w/index.php?curid=63320748。

在现代社会，人的需要是复杂多样的，既有实用的物质需要，也有抽象的精神需要。物质功能的目标是保证生产和生活的顺利进行，精神功能则需要满足心理的、情感的、政治的、文化的、宗教和信仰的需求等。作为公共建筑，桥梁应该同时满足物质功能和精神功能的需要。

桥梁是道路的延续，首先要满足的是疏导交通的需要，除了行人和车辆，还有电缆、水管等设备设施，甚至是输水的需要等。此外，不同于古代交通工具，现代交通工具如汽车、轻轨等对通行的舒适性也有较高的要求。对桥梁的要求还有很多非交通的功能，例如：游览观光，作为公共景观甚至是城市地标的要求。尤其是园林中的桥梁，同时具有“景观”和“观景”的双重作用。如新月派诗人卞之琳的诗句描述的“你站在桥上看风景，看风景的人在楼上看你”。

现代建筑把空间作为“主角”，空间已经成为建筑功能的一个主要表现形式。比起房屋建筑，桥梁的空间功能相对简单，空间形式也有其特点。桥面交通是流线型的，双向或者单向，各车道和人行道是单独设置的，相互没有交叉。其次，不同桥型的桥面空间形式也有不同。桥面以上的空间主要可以分为三类：一类是完全开敞的，如最常见的梁桥或上承式拱桥，桥面上没有大的空间分隔和视觉阻碍；一类是桥面是半开敞的（图3-2），半开敞的桥梁的建筑空间更接近于建筑的灰空间，比如有些廊桥、双层桥梁等；第三类桥梁的桥面是封闭的空间，这类桥梁很少，例如：图3-3威尼斯叹息桥，它兼有一座小型书屋的用途。

图3-2　婺源彩虹桥[1]

图3-3　威尼斯叹息桥[2]

---

❶来源：Zhangzhugang-Own work，CC BY-SA 4.0，https://commons.wikimedia.org/w/index.php?curid=19556351。

❷来源：Luca Aless-Own work，CC BY-SA 4.0，https://commons.wikimedia.org/w/index.php?curid=45037865。

人在通行过程中的体验和桥梁的空间形式直接相关。桥梁的内部空间以及和外部空间的联系应该是和平面立面效果同样需要被关注的重点。以交通为目的时,通行者对桥梁空间的感受主要是前方和上方;以休闲游览为目的时,通行者对空间感受还受到侧面空间的影响。桥面完全开敞的桥梁给人的感觉是畅通无阻,视野开阔的。完全封闭的廊桥一般都有其特殊的功能需要,比如作为商店或者附近居民的休闲场所,真正起作用的是内部空间。通行过程中会让人感到压抑、视觉混乱的往往是一些半开敞的桥梁,例如:横撑过多的拱桥(图3-4),拉索排列杂乱的缆索承重体系桥梁。

图3-4 悉尼大桥(BridgeClimb on Sydney Harbour Bridge)[1]

当代社会建筑向多功能和复杂功能的趋势发展,桥梁设计也不再是只提供一种形式或者创造一种空间方式,而是更倾向于生存和生活方式的创造。优秀的桥梁设计也不再只是满足于当下的功能需要,还是对未来生活的创造,使人们的出行更加便捷,生活质量更高。

3.3.3 科学技术意识

现代科学技术的发展直接或间接参与了桥梁形式的创造,改变了古典时期形成的构图规则,影响了桥梁的功能、空间和建造方式。当代科学对桥梁的影响主要体现在以下几个方面:

第一,科学技术理论的直接应用为桥梁的建设提供了新的可能和条件。科

[1]来源:Jswd-Own work,CC BY-SA 4.0,https://commons.wikimedia.org/w/index.php?curid=35610439。

技进步直接带来了桥梁在设计理念、计算分析、施工方法等各方面的进步，就有可能带来新的桥梁结构体系的产生和突破纪录的桥梁跨径的实现。近一个世纪以来斜拉桥和悬索桥跨径的不断刷新正是高强钢材应用、有限元计算方法的成熟、抗风抗震理论的发展、施工技术的创新等新技术综合应用的成果。

第二，科学技术理论为桥梁工程师和设计师提供认识论和方法论基础，并提供了以计算机技术为代表的工具手段。计算机技术已经改变了桥梁的规划、设计、施工、管理和运营的全过程。计算机技术强大的计算能力改变了桥梁结构的计算方法，大大提高了计算效率和精度。计算机的图形能力和塑造复杂形态的能力为桥梁设计提供了新的形态和空间生成方式，产生了参数化设计、过程化设计和非线性设计等新的设计思想和方法。

第三，新的科学观引发人们的生活方式、思想文化以及审美观念的改变，进而影响了设计师的思维方式和表达方式。当代建筑设计中非理性、不确定性、媒介性、连续性的观念一定程度上影响了桥梁设计。如扎哈·哈迪德的塑形建筑风格就被应用到了西班牙萨拉戈萨桥的设计中（图 3-5）。

图 3-5　西班牙萨拉戈萨桥（Pabellón-Puente—Zaragoza）❶

桥梁建筑的实体首先是一种物质存在，是桥梁的建筑形象、建筑功能、建筑艺术、经济价值的物质载体。科学技术首先直接作用于桥梁建筑的实体，也就是桥梁结构。只有正确地应用相关的科学和技术，桥梁设计才能实现结构形式对建筑意象的正确表达。因此，科学性和技术性是桥梁的基本属性。

❶来源：Grez-Own work，CC BY-SA 3.0，https://commons.wikimedia.org/w/index.php?curid=4295414。

随着人们对城市景观的重视和审美意识的提高，桥梁设计师们在已有的技术基础上，努力地创造形式各异、造型优美的桥梁。桥梁批评的科学技术意识就是要在批评的过程中客观地评价技术因素在桥梁设计建造中的作用，既要积极鼓励技术创新，也要反对为了技术创新而创新的行为。

3.3.4 环境意识

人类在大规模建设的同时，尤其是自二战结束以来，也造成了对自然环境和人文环境的严重破坏。人类面临着水、空气、土地等自然资源的破坏和污染、全球气候变化、臭氧层损耗、生物多样性减少、城市无序扩大、文化遗产的破坏等一系列环境问题。20 世纪 70 年代人们开始意识到全球环境和资源面临的危机，对表面繁荣和过度建设加以冷静思考。国际建筑师协会第 20 届世界建筑师大会发表的《国际建筑师协会教育工作大纲——国际建筑师协会/联合国教科文组织建筑学教育宪章》指出："展望未来世界，建筑领域要有以下的目标：为全人类创造一个美好的生活环境；技术运用应尊重人们的社会、文化和审美需要；提供保持生态平衡和持续发展的建筑环境；创造为每个人视为是财富和职责的建筑艺术。"

桥梁批评的环境意识主要涉及三个方面：一是桥梁与生态环境，与可持续发展的关系；二是桥梁与所处地区的城市环境、城市设计和规划的关系；三是桥梁与文化环境和文化遗产保护的关系。

在桥梁规划、设计、施工、运营和养护的工程寿命全周期都应该以可持续发展为原则，提高质量、减少能耗、降低污染。首先，在规划设计阶段要考虑桥梁建设与土地资源的合理利用，在选址上尽量减少对自然资源的破坏，关注结构的耐久性设计。其次，在保证结构安全的前提下，将材料的消耗降到最低。第三，选择合理的施工方案，并且在施工过程中尽量减少对水、空气的污染，减少建筑垃圾的污染，减少施工噪声对周边居民生活的影响等。

城市建设追求建筑环境的连续性，桥梁已经成为整个城市连续体的组成元素。桥梁的设计要综合考虑所在地区的自然气候，注重与地形地貌的结合，兼顾和城市形态、区域形态的一致性。

桥梁的设计要注重对文化环境的尊重与共生，重视对文化遗产的保护。文化对城市营造和市民生活的影响是潜移默化的，经过历史的沉淀，留存于建筑、街道、桥梁以及城市的每个角落。桥梁的设计要注重和地方文脉相连，诠释和弘扬地方传统文化。

3.4　桥梁批评的媒介

桥梁批评的媒介是多种多样的,有学术论著、报刊杂志、桥梁奖项、文学、绘画、摄影以及桥梁本身等,其中比较有影响力的是学术论著、桥梁建筑本身和桥梁奖项。

学术论著是桥梁批评最专业和权威的表达方式。其中最具代表性的是桥梁史和建筑史(其中涉及桥梁的部分),这一类著作多是桥梁或建筑专业人员所写。历史是自然和社会的选择,只要是历史中存在过的桥梁,无论现在是否存在都曾是现实的存在。这样一种现实代表着社会、民族、宗教、环境的发展选择,是历史的自然选择和社会选择形成的一种导向性批评。桥梁史和建筑史具有理论的系统性,同时又具有鲜明的倾向性,不是单纯的纪实描述,而是以论带史,以史叙论。但值得注意的是,有一些桥梁史的书籍描述的内容太多而批评的内容太少,相比之下建筑史的批评更加全面。另外还有一些发表在专业杂志的桥梁批评的论文也值得关注。

从信息传达角度来看,具有形式的桥梁建筑本身就是一种批评,是一种特殊的语言和意义的表现。桥梁建筑所表现出来的历史参照性和导向性,就是桥梁的形式取代语言所直观表达的桥梁批评。形式、体量及空间序列的构成与安排,桥梁建筑风格的形成及其表现本身就是一种批判性的论述。

桥梁批评最直接而又影响深远的方式之一就是桥梁奖项评选。目前在国际上比较有影响力的桥梁奖项有国际桥梁大会(International Bridge Conference,IBC)的桥梁奖项和国际桥梁及结构工程协会(IABSE)的杰出结构奖。国际桥梁大会设立了5个奖项,分别从设计、实用性、理念、环境资源等方面对优秀桥梁工程给予评奖和表彰。这5个奖项分别是约翰·卢布林金奖、乔治·理查森金奖、古斯塔夫·林登少金奖、亚瑟·海顿奖和尤金·菲戈奖。例如,上海卢浦大桥和天津大沽桥曾获得尤金·菲戈奖,南京长江三桥(图3-6)曾获得古斯塔夫·林登少金奖;卢浦大桥、泰州大桥(图3-7)也曾先后获得IABSE的杰出结构奖。国内比较有影响力的桥梁奖项有詹天佑奖、鲁班奖等,这些奖项不仅是对杰出桥梁的肯定,也是一种同时面向专业领域和社会大众的桥梁批评活动。

随着互联网的发展,微博、微信等自媒体成为了桥梁批评的新媒介。正如前文中提到,有些地方主管部门通过官方公众号进行桥梁方案评选活动,还有一些高校的桥梁专业院系或专业人士通过自媒体方式发布与桥梁相关的批评、评价文章。自媒体的发展使桥梁批评的媒介更加多元化,更有利于吸引公众对桥梁的关注,营造开放的批评氛围。

图 3-6 南京三桥❶

图 3-7 泰州大桥❷

❶来源:J. Ye-originally posted to Flickr as NJ 3rd Bridge,CC BY 2.0,https://commons.wikimedia.org/w/index.php? curid = 10618225。

❷来源:HighestBridges-Taizhou Bridge view taken during 2012 China Yangtze Bridge tour from top of south tower.,CC BY-SA 3.0,https://commons.wikimedia.org/w/index.php? curid = 25928588。

第 4 章　桥梁批评价值论

4.1　概述

价值论研究是为桥梁批评理清价值评判的标准。价值关系涉及人与自然、人与社会、人与人之间的关系，是生活中的基本关系，在生活实践中形成、存在、体现和发展。批评中的评价实质上就是价值判断，价值判断的依据是价值标准。评价是批评的核心任务之一，价值论也是桥梁批评的核心问题之一。桥梁批评中的评价就是按照主体性的原则，发现批评对象的价值和意义。价值论并不能解决桥梁批评中的所有问题，但是桥梁批评中的问题如果脱离了价值论也无从谈起。本章着重讨论价值与评价的关系、桥梁中的价值问题、批评与价值判断等问题。

4.2　价值论的基本范畴

“价值”一词，源于梵文的 wal、wer，拉丁文的 vallo、vallum，有“掩盖、加固、保护”的意思，由此派生出“尊敬、喜爱、珍爱”的含义。中文的“价值”对应的英文为 value，法文为 valeur。马克思经过考证指出夏韦、奥·约和贝利认为 value 和 valeur 都指物的一种属性，是物对人有用或者使人愉快等属性。目前常用的价值一词的含义是“积极的作用”。

作为哲学范畴的“价值”，是来自人类生活实践的一个理论抽象。这一理论抽象是以人类生活实践和科学研究中各个具体领域的特殊概括为基础而形成的。经济领域常用的价值概念有交换价值、使用价值等；艺术领域常用的价值概念有审美价值、文化价值等。在社会生活中，还有更复杂、广泛的价值关系，如人与人之间的经济关系、合作关系、阶级关系、伦理关系等。在这些复杂的价值关系网络中，人们会普遍地运用好坏、是非、得失、善恶等评价标准，形成丰富的价值观念系统。

古希腊时期的哲学家苏格拉底把哲学研究的对象由自然转变为“人事”，主要关注与道德伦理相关的价值问题，创立了道德哲学，又称为伦理学。近代价值理论的研究以休谟和康德为代表，提出了对事实和价值、理论理性和实践理性、事实判断和价值判断的区分，使得哲学的价值概念有了形而上的意义。作为一门独立的哲学学科，现代价值论出现于19世纪下半叶。现代价值论是研究普遍价值的一般价值论，不再像传统价值论那样研究伦理学、美学等各学科的价值理论。

价值论一般又称为价值学、价值哲学等。《英国大百科全书》对价值论的定义是：“价值学通常称为价值的理论，是关于最广义的善或价值的哲学研究。一方面，它赋予价值这个术语以广泛的含义；另一方面，它为经济的、道德的、美学的以及逻辑的这些通常相对地孤立考虑的各种各样问题，提供统一的研究。”价值论是与存在论、意识论并列的哲学基础理论分支之一。价值论需要解决的哲学问题是存在和意识对于人的意义。

4.2.1 价值

“价值这一哲学概念的内容，主要是表达人类生活中一种普遍的关系，就是客体的存在、属性和变化对于主体人的意义”。自人类存在以来，就需要自然界满足其生存和发展的各种需要。人类按照自己的需要认识和改造自然的实践活动是价值产生的基础；人类实践中形成的主体和客体之间的关系是价值存在的基础；客体属性和作为人的主体需求之间的统一是价值的本质内容，也就是客体对于主体的“意义”。

价值关系从根本上表现为作为主体的人的对象性关系。价值关系中包含了主体的尺度和客体的尺度。主体的尺度包括主体的目的、需要及自身能力等等。主体的内在尺度是实现主体客体化的依据和动力，反映了价值关系的本质。因此，价值现象必然表现出因主体而不同的特点，这种特性也称为价值的主体性。价值的主体性表现为价值因主体而异的独特性、多维性和历时性。

价值的主体性不等于价值具有主观性，相反，价值具有客观性的特点。价值不是一种实体存在，而是一种关系存在，是对主客体之间活动关系的概括。客体本身的结构和属性是客观存在的。客体的属性并不是价值的属性，只是形成价值的条件和要素。只有在经过主体的改造和利用后，客体才能产生价值。价值的客观性是由主体的客观性决定的。作为主体的人具有不依赖于其主观意志的存在、能力、条件等客观限制。人的需要、活动和实践从根本上是和社会存在相联系的,有着不依赖于人的主观意识的客观性和必然性。

价值关系不仅是人与自然、人与人、人与社会这些物质存在之间的客观关系,还是作为一定历史阶段的现实的社会关系而存在的。价值关系的实现随着社会历史的发展而改变,同时也反映了社会历史的发展现状。因此,普遍意义的价值关系具有主体性、客观性、社会历史性等特点。

4.2.2　价值的类型

人在社会生活中的价值关系和价值现象,是极其丰富和多样化的。首先,作为主体的人可能是个人、群体或者是全人类等不同层次,而同一层次的个人或群体也是千差万别的。其次,人类实践涉及的客体可能是自然、人工物、精神文化现象或者是其他的人。同时,价值关系还会受到社会关系中的生产关系、文化环境、道德伦理等各种因素的影响。因此,价值关系和价值现象总是会呈现出纷繁复杂的形态。

根据不同的角度和方式,哲学家们对价值的分类也有各种方法。美国学者佩里把价值分为八种类型:道德价值、宗教价值、艺术价值、科学价值、经济价值、政治价值、法律价值和习俗价值。德国学者舍勒主张从低到高把价值分为感觉价值、生命价值、精神价值和宗教价值等。心理学家马斯诺主张根据需要的层次划分价值的类型。总的来说,价值主要是从客体、主体和内容三个方面来进行划分。

根据价值客体的类型可以将价值分为物的价值、精神现象的价值、人的价值三类。其中,物的价值一般又可以分为自然物的价值和人工物的价值。自然物的物质价值主要表现为为人类提供物质资源、能源及生态环境等;精神价值主要体现在审美价值和科学研究对象价值等。桥梁属于人工物,人工物的价值除了实用功能以外也会有精神价值。如建筑、景观、工业设计作品等也可能具有审美价值、文化价值、科学价值等。可见物的价值也包含物质价值和精神价值两个方面。

按主体人的需要对价值的分类主要有两种,一是分为目的价值和工具价值;二是分为物质价值、精神价值和物质—精神综合价值。人的各种需要是相互联系难以割裂的,各种价值分类之间的界限也不是绝对的。

根据所满足的主体的需要在其生存发展中的性质和作用,可以把价值分为目的价值和工具价值。目的是指主体的需要本身,工具是指实现目的所依据的条件和方法。例如:在桥梁的价值中,功能性可以看作目的价值,安全性和耐久性可以看作工具价值。

物质价值是指主体的物质需要的满足,例如:经济利益、物质生产和生活、生理需要的维系、生态条件等。精神价值是指主体的精神需要的满足,例如:对人的各种心智情理的满足,知识的增长、思维能力的提高、情感的发育,信仰和理想的实现等属于精神价值的范畴。物质和精神的综合价值,指对人的物质和精神共同需要的满足,或物质价值与精神价值的统一。例如:人和自然界高度和谐、社会文明程度的提高,人和人之间相互关系的充分合理化、个人身心的健康全面发展等,含有精神和物质各自不能包含的情况,是一种现实的全面的价值。

物质价值可以分为物质消费价值和物质生产价值。物质消费价值主要是指满足人类在生活中的物质消费需要的价值。物质生产价值是指满足人的物质资料生产需要的价值。

精神价值也可以分为精神生产价值和精神享受价值。精神生产价值是指满足人类对精神产品的创造、传承的需要的价值。精神享受价值是指人们对精神财富的占有和享受的需要的满足。但这两类价值的界限很模糊,有相互依存和转化的特性。精神价值往往是同时具有享受和生产的特点。

精神价值常见的分类方式有两种,一类是根据精神活动的形式分为娱乐价值和教育价值;一类是根据精神活动的内容分为认识价值、道德价值和审美价值。

娱乐主要是人类享受和占有精神产品的活动,但人类也有可能在娱乐活动中产生好的想法、观念或者积极的情绪和态度。因此娱乐价值主要是精神享受价值,有些情况下也会包含精神生产价值。教育活动中教育者的工作主要是对精神产品的传承和再加工,被教育者在学习中是对文化知识等人类精神产品的占有和享受。当然教育活动中的享受是高层次的精神享受。教育价值也是包含了精神享受和精神生产两类精神价值。

认识价值是指价值客体对主体形成或加深对人、事、物的认识的意义,一般表现为满足人求知的精神需要和提高人的认知能力等。认识价值包含获得知识的精神享受价值。更重要的是,人在认识过程中不断积淀形成精神能力(思维能力、理解能力、判断能力等),这是认识价值包含的精神生产价值。

道德价值是人在社会关系中的价值,是人的道德伦理需要的满足。人们对道德规范的生产和道德需要的满足是缺一不可的,道德价值中精神生产价值和精神享受价值是比较平衡的。

审美价值是指主体审美需要的满足。审美的需要是不受时间、地域等外界环境的限制的,是随时随地都可能产生的。主体在审美需要得到满足的前提下才可能提高审美能力、发展审美趣味。因此,审美价值中精神的享受价值是更主要的。桥梁的审美价值是客观的。因为桥梁的物质形态是审美价值的载体,是客观存在的。而且桥梁与审美主体之间的关系是在社会实践中形成的,不以人的意志为转移的相互关系。

4.3　价值与评价

4.3.1　评价与认知的区别

评价一般理解为对人、事、物的评定和评估。评价是对价值关系中的客体是否满足主体的需要的评估和判断。评价的结论可能是肯定的,也可能是否定的,还可能是肯定和否定并存的。

作为一种对象性的精神活动,评价的形式包括认识、意志、情感、语言等抽象的方式,也包含动作、行动等直接的方式。评价的形式概括起来可以分为四个层次:本能的生理反应、心理反应、理性评价、实践评价。

本能的生理反应是主体瞬间的无意识的反应,是评价的低层次行为,缺乏对客体充分的了解和感受的过程。评价的心理反应的形式是主体对客体形成未经深入思考的直观的情绪、愿望、感受等情感体验的表达。理性评价是主体依据自身的理论、知识、观念等,通过深入思考后,对客体的价值进行的综合判断和评估。实践评价已经不再停留在感受和理论的层面,而是通过实践活动把可能的价值转化为实际存在的价值。如设计师的作品本身就是一种实践评价。

高层次的评价形式如理性评价和实践评价都包含有认知的活动,评价和认知又都是对象性的意识活动,它们的区别究竟是什么?以一座桥作为认识和评价的客体为例来说明。桥梁的造型、色彩等客观的描述可以作为认知的范畴,如果要讨论桥美不美就是评价的范畴了。对于美或者不美,不同的评价主体会有不同的结论,不可能统一,也没有对错。可见,认知的主体是广泛的人类总体,而评价的主体是不同的个体或人类群体。认知的判断依据是真理,评价的判断依据是价值。

4.3.2　评价的客观性与价值事实

对于评价有一个问题必须讲清楚,就是评价是否能客观地反映真实存在的价值关系。评价是评价者对主客体之间的价值关系的一种表达,代表的是评价者的理解、感受和态度等。李德顺把价值关系的主客体在运动中形成的一种不依赖于评价者意识的存在状态定义为“价值事实”。价值事实就是评价需要把握的对象。

在价值关系中,主客体之间的相互作用是一个客观的过程,作用的效果、后果也是客观的存在,是可以被实践检验的。相比之下,各种物质价值的效果更容易被评估和验证,如产品的经济价值、食物的营养价值等。因为物质方面的价值事实在区别主体的前提下更接近真理,其客观性和科学事实没有本质差别。

但是在精神和社会层面的价值效果的客观性往往被忽略甚至否定。例如在不同的国家,一般公民持枪是否违法就没有统一的标准。如果普通公民可以持枪必然会带来一定的社会后果,如会有更多人死于枪击,或者是受伤。无论评价标准如何,这样的后果是客观存在的,也就是评价中的事实。但是各个国家和地区对这一事件的评价标准是受到历史背景、社会习俗、伦理观念的影响。这些评价标准所体现的是人类意识的表达。辩证唯物主义认为,意识是人脑的机能和属性,是社会的人对客观存在的主观印象。意识是社会的产物,在意识的产生过程中,起决定的作用的是人类社会的物质生产劳动。

无论个人还是人类群体在评价活动中,都是把自身的事实(包括社会存在事实、历史事实等)和价值关系中的价值事实联系起来考虑的。如果评价者能够从感性经验抽象出价值事实的本质、规律从而形成理性认识,就能够实现评价的客观性。在此基础上,如果评价的结论能够用于指导人类有计划、有目的地改造客观世界,那么评价的客观性也可以通过社会实践来验证。和实践是检验真理的唯一标准一样,实践也是检验评价客观性的最高标准。

4.3.3 评价标准与价值标准

主体的需要和能力,客体的性质和规律是决定评价标准的基础。在客体条件的限制下,主体的需要就是最基本的评价标准。在某些方面的评价标准即便变化比较频繁,未必是由利害关系形成的,可能仅仅是人们主观趣味改变的结果,例如:饮食习惯、着装风格等。这些评价标准的更替同样依赖于人们客观生活条件的发展,是人们在实践中不断发现和发展自身需要的表现,它们在实践中的结果并没有超过主体的客观需要和能力的限度。

决定评价标准的是价值标准。价值标准来自主体的本质、存在和内在规定性,来自人的生存和发展同整个世界的联系。主体的客观存在本身,在价值关系中就具有“尺度”的性质和功能。价值标准是通过价值事实表现出来的,是作为客观事实的存在,而不是作为某种意识的存在。例如:当某一个群体作为价值主体时,他们自己宣布的需要和目标只能认为是评价标准。真正的价值标准是这个群体的经济地位、人员结构、实际利益本身包含的需要。当评价主体和价值主体一致时,评价标准在多大程度上符合价值标准取决于主体对自身需要的认识的真实性和准确性。当评价主体和价值主体不一致时,两者之间的差别决定了评价主体对价值主体需要的认知程度。

价值标准是客观存在的,通过价值关系来表现。价值关系是价值主体与外部世界的本质关系,是主体生活中的基本关系,只有在生活实践中才能形成和存在。实践是价值标准现实中的表现形式,也是本质形式。因此,实践才是检验评价标准的最权威的标准,是一切评价标准的出发点和归宿。只有经过实践检验的评价标准才是最接近价值标准的。但评价标准的检验不是由个别的、短暂的、偶然的实践来完成的,而是由持续发展的实践整体决定的。例如:某一类桥型可能因为样式新颖、造价便宜、施工便利等原因风靡一时,但短短的十年二十年之后便不再使用。这样的桥型必然在某些方面有严重的缺陷,和价值主体对桥梁的某些需求是严重矛盾的。

要做到客观评价,使评价标准最大程度接近价值标准有两个重要的前提。一是准确把握价值关系中的价值事实。价值事实是主体性的事实,是在主体实践的范围内,客体能够为主体带来什么。第二就是在实践中把握价值主体的需要。从长期的发展的角度来看,评价标准能够在其主观形式的动态变化整体中,通过实践的检验不断地调整,最终逐步反映和逼近客观的价值标准,接近于成为客观的评价标准。

4.4 作为价值客体的桥梁的属性

批评活动就是要发现客体属性中对主体有价值和有意义的部分。对客体属性的正确认识是获得合理评论的前提。从广义的角度来看,桥梁批评的对象即客体主要是桥梁、桥梁所在的自然环境和社会历史文化环境、设计师的思想、桥梁的设计、建造和演变的全过程。桥梁批评客体的研究不只是关注桥梁的结构、形式、设计方法等客体本身具有的特征,还要关注桥梁批评的视角,为桥梁批评的方法论提供理论依据。

在不同的历史时期,对文学、艺术和建筑的评论视角是有很大差异的。古罗马时期的建筑原则是坚固、适用和美观。从古罗马时期遗留下来的石拱桥可以看出这一原则的体现。文艺复兴时期,科学与艺术蓬勃发展,建筑的原则也融合了多学科的理论,强调比例、均衡、韵律、统一等建筑形式上的要求。直至现在出版的很多桥梁美学的书籍仍然把这些规则作为美的要求。工业时代到来以后，现代建筑师革命性地提出“形式追随功能”“少即是多”“装饰就是罪恶”等一系列现代建筑理论。随后“空间”“场所”又成为建筑界关注的重点。当代建筑的理论已经越来越多元化，不再有某一种观念成为主导的状况。

古代中国人对于建筑的评价，似乎更关注建筑之结构、空间、装饰与工艺的巧与拙，而“美”的属性只是被归在了建造所使用之“材”的名下。古代中国人还有一种“非美”和“清美”的观念倾向，表现在对建筑的追求上，则是对平素、恬淡、简朴的追求。从现存古桥和史料记载来看，中国古代主要是把桥梁看作一种水利设施，功用远大于美观。

综合桥梁美学、桥梁史、建筑批评等理论，将对桥梁批评的客体属性从建筑形态、功能和技术三个角度进行详细阐述。桥梁的建筑形态视角主要考虑实体形态和空间形态两个方面，是外在形象和内在结构的综合反映。桥梁批评的功能视角包括桥梁的实用功能和精神功能，涉及人们的出行方式、心理感受、审美需要等目的的实现。桥梁批评的技术视角主要有结构、材料和施工三个主要方面，包括结构形式的创新和优化，新材料和新工艺的运用等。桥梁批评还可以从生态、经济、社会、历史等多角度展开，本书将会在方法论中进行分析，不再详述。

4.4.1 建筑形态

“形态”一词对应的英文单词是“Form”，“Form”也可以译作“形式”。建筑形态包括外在形式和内部结构两个方面。这里的结构不是指受力结构，而是指各部分之间的关系构成。桥梁的建筑形态是人工创造的物质成果，是可以直接看到和感受到的现象和事物。桥梁形态的主要表现形式是实体形态和空间形态。

1）桥梁的实体形态

实体形态是桥梁的外观及形式，是其空间形态的物质载体。桥梁的实体形态又分为实体的形体、实体的态势、色彩、肌理等多个方面。

（1）桥梁实体的形体

从几何学的角度，桥梁的形体可以概括为几种基本元素：点、线、面和体。绝大多数的桥梁形体可以划分为基本的几何形体以及它们的组合。由于桥梁主要功能是跨越，在形体中出现最多的是线和面，完全围合的体比较少。基本的线形主要分为直线和曲线，无论是梁桥、拱桥、斜拉桥还是悬索桥，从立面来看都是由不同的线形组成，长度方向的尺度远远大于宽度方向。直线和曲线的线形本身哪一种更美是无法比较的。从桥梁立面来看最值得关注的是各种线形组合后的整体效果。首先要考虑的是构件的比例，如斜拉桥和悬索桥的桥塔在桥面上下的比例、上部结构和下部结构的尺寸比例,多跨桥各跨径的比例(图 4-1)。其次是要考虑的是众多线形组合后的整体效果。例如在下承式拱桥和缆索承重桥中拉索的布置就是线条的重复和交错,在满足受力要求的基础上不宜太过繁复,否则会让人眼花缭乱。

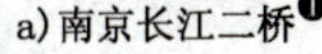

a)南京长江二桥❶

b)南浦大桥❷

图 4-1 南京长江二桥和南浦大桥的桥塔对比

桥面是实现桥梁交通功能的直接载体,考虑到建造经济和通行便捷,桥跨方向大多是直线。在人行桥中,也有一些桥面在桥跨方向是曲线线形。如坎波博兰廷步行桥和盖茨黑德千禧桥等。

桥梁的建筑形体形式比较简单,当代桥梁的主流仍然是具有抽象性和表现性的简明的建筑形式。近年来随着非线性建筑的发展,也出现了少量的非线性形式的桥梁。如扎哈·哈迪德设计的萨拉戈萨桥,外形显示出连续流动的形态,完全不同于传统几何体的理性和规则。

(2)桥梁实体的态势

桥梁是自然或人工场所的一部分,与自然环境、社会环境之间应该建立某种联系。桥梁实体所呈现出的某种态势和建筑场地、地区气候、社会需要和城市的历史文脉和谐一致。每一座桥梁的建设之初都应该对环境和地方条件进行调研和分析。例如,城市桥梁首先要考虑城市的自然环境,包括城市的河流的分布,桥梁所在位置河道的宽度、坡度,两岸的植被状况,当地的气候和地理因素。其次要考虑城市整体的规划,如周边的道路、建筑、公园以及居住区情况等。

---

❶来源:Glabb-Own work,CC BY-SA 2.0,https://commons.wikimedia.org/w/index.php? curid=20840361。

❷来源:Kimon Berlin - originally posted to Flickr as Nanpu Bridge,CC BY-SA 2.0,https://commons.wikimedia.org/w/index.php? curid=10600733。

如果桥梁与河道及两岸的建筑尺度相差太大,即使自身造型优美,在整体环境中也会显得十分突出。如卡拉特拉瓦设计的著名的Alamillo桥(图4-2),桥塔倾斜并通过拉索和主梁相连,形成运动平衡的态势。Alamillo桥的斜拉索的处理也颇具匠心,每两根为一组,每组拉索间距拉开平行布置,拉索的长度从塔和梁连接处由短到长,拉索的线型布置富有节奏和韵律。该桥的造型是对斜拉桥形式的突破与创新,优雅灵动。但是当我们把这座桥放在周边环境中来看,桥塔的高度几乎和河道宽度接近,桥塔的尺寸和桥面及周边建筑相比显得过于粗壮。在城市环境中,Alamillo桥形成了一种"唯我独尊"的态势,和整体环境的并不和谐,但Alamillo桥的建设之初是为了提升市民振兴地区经济的信心,成为一种精神象征,巨大的尺寸能够显得气势恢宏。

图4-2 Alamillo桥(Calatrava-Puente-del-Alamillo-Seville)❶

城市桥梁的实体形态某种程度上还需要反映城市的历史和文化特征。桥梁与城市的社会环境的和谐主要体现在实体形态的个性化、形态的场所感以及与桥梁建筑历史文脉的关联性等。如上海的卢浦大桥(图4-3)选型时就考虑到了江南文化的"拱桥情节",表达了对历史文脉的关注,更容易引起市民的认同感。

(3)桥梁的色彩

色彩是桥梁建筑的视觉要素之一,是一个能够迅速而强烈的被人感知的装饰因素,也是城市桥梁评论的一个重要因素。人们对建筑色彩的需要更多的是源于心理联想,所以与桥梁的建筑因素相比,色彩的作用更感性。色彩可以营造

---

❶来源:Andrew Dunn-Own work, CC BY-SA 2.0,https://commons.wikimedia.org/w/index.php?curid=786429。

氛围烘托气氛,增加桥梁的魅力,但单靠色彩并不能给桥梁带来美。桥梁的色彩表达是为了实现建筑形式的需要,是为了准确地表达桥梁的建筑内涵。所以,色彩的选择不能喧宾夺主。

图4-3 卢浦大桥[1]

具有工业美感的钢、混凝土、玻璃等材料的广泛应用大大丰富了建筑色彩的表现力,现代桥梁的色彩表现也变得更加个性化、多样化。为了准确地设计桥梁的色彩需要运用科学的色彩学。对城市桥梁的色彩的评论要根据不同的城市和桥梁的需要,把色彩系统和桥梁的建筑风格联系起来进行分析。所以无论是设计者还是评论者都要了解建筑色彩应用的一些基本原理。例如:人的视觉感知到的色相的结合一般在三个或以下,否则眼睛会感觉不适宜;色彩的搭配一般选择色相接近或者有明显差距的,即类似色或者对比色;色彩的面积和彩度成反比设计会让人感觉更舒服,就是色彩越鲜艳面积越小,反之亦然。

桥梁的色彩还要考虑和环境的协调。例如:金门大桥(图4-4)的颜色看上去接近红色,其实并不是正红色,而是红、黄和黑混合的"国际橘"。建筑师艾尔文·莫罗选择橘色是认为它既和金门海峡的环境协调,又可使大桥在常见的大雾中显得更醒目。在我国江南地区,自然环境是青山绿水,建筑色彩是青砖、粉墙、黛瓦。桥梁几乎都是砖、石板桥或拱桥,保留了砖石青灰色的本色和纹路,时间久了还会生长出青色的苔藓或草本植物。桥梁和山水建筑整体的色彩淡雅、质朴、自然(图4-5)。

---

[1] 来源:Jurgenlison-Own work,CC BY 3.0,https://commons.wikimedia.org/w/index.php? curid=12183393。

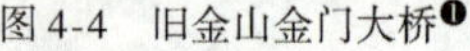

图4-4　旧金山金门大桥[1]

图4-5　江南的桥[2]

(4)桥梁的肌理

桥梁的肌理是其视觉效果的多种可能性的基础。肌理是指物体表面的纹理、建构和形式结构。泛指物体的材质所形成的纹样。桥梁中所用的材料基本上可以分为天然材料、金属材料和一些特殊材料。天然材料主要是木材和石材,自然形成的肌理给人亲切感。金属材料广泛应用于工业革命以后,给人冷酷、现代的感觉。混凝土材料表面平整光滑、色泽均匀、棱角分明,显得清冷、庄重。玻璃给人明亮、脆弱的感觉,它的透明度高,为了映衬环境的秀美多用于风景区。如美国科罗拉多大峡谷和中国湖南张家界大峡谷(图4-6)都修建了玻璃桥。

图4-6　张家界玻璃桥[3]

---

[1]来源:Rich Niewiroski Jr. ,CC BY 2.5,https://commons. wikimedia. org/w/index. php? curid = 1520007。

[2]来源:Gisling-Own work, CC BY 2.5,https://commons. wikimedia. org/w/index. php? curid = 2107347。

[3]来源:HighestBridges-Own work,CC BY-SA 4.0,https://commons. wikimedia. org/w/index. php? curid = 54609491。

2)桥梁的空间形态

建筑的空间是具有实用性的空间,是人们按照某种活动要求,采用一定方式创造出来的建筑形态。建筑空间分为内部空间和外部空间,四面围合的空间被称为内部空间,开敞的称为外部空间。还有一类介于其中部分围合的被称为灰空间。桥的空间一般都是开敞的外部空间,也有一些桥面上还有建筑的,围合成的就是内部空间。还有部分围合的比如高架桥下面的空间可以看成灰空间。按照桥梁的构件布置形式,我们可以把桥梁的空间分为上部空间和下部空间。按照我国古代哲学家老子的观念,建筑的空间才是建筑真正为人所用的部分。

首先,桥梁是为了实现交通功能而建造的,人们从桥上通过时希望这个空间是畅通的、连续的、边界明确的。桥梁设计中要考虑桥梁空间与两岸的交通及公共空间合理、顺畅连接。桥面以上的构件的布置还要考虑行人通行时的心理感受。下承式拱桥的风撑、斜拉桥和悬索桥的拉索等如果布置不当会给人压抑、混乱的感觉。

其次,作为公共建筑,桥梁的空间是公共空间,是城市或乡镇空间的一部分。除了交通功能的实现,还应该在视觉效果上保持和城市或乡镇空间的连续性。也就是说,桥梁不只是通行的机器,它是人类出行的一种生活方式。人们可以选择驾车快速通过,也可以选择在人行道驻足、慢行,感受城市的氛围,欣赏城市的景观。因此,桥梁设计中应该积极提供驻留、观赏空间。

最后,还有一些特殊的桥梁空间,比如廊桥的围合空间、高架桥桥面以下的灰空间等(图4-7),都是桥梁批评中不可忽视的因素。

图4-7 高架桥下的灰空间

4.4.2 功能

桥梁的功能是一个非常复杂的概念,它包含着设计必须考虑的所有因素,不仅是实用的、技术的、经济的因素,而且也包含心理的、感情的、美学的等精神因素。由此可见,对桥梁功能的评论也是复杂的,需要理性和感性结合,需要考虑不同时代和地区的差异。桥梁的功能是人的生活方式的反映,会随着人们物质文化生活水平的提高不断变化,在客观上也促进了桥梁的发展。桥梁的功能主要有实用功能和精神功能两个方面。

1)桥梁的实用功能

桥梁的实用功能主要是指与实际用途有关的功能。桥梁是道路的组成部分,当道路跨越河流、峡谷或者连接两地的时候就需要建造桥梁。从古罗马时期的输水道桥到形态各异的现代桥梁,无论在哪一个历史时期,交通功能的需要都是桥梁存在的基础。除了行人和车辆,还有电缆、水管等设备设施,甚至是输水的需要等。有些河道还有通航的需要,这些河道上建造的桥梁还需要满足船只从桥下通过的需求。

桥梁是为了满足人的需要而建造的,人的活动尺度也是其功能实现的评价因素之一。城市里很多人行天桥高度很高,在桥上行走的距离也比较远,而且没有安装上下的电梯。即便是年轻人如果要过马路爬上爬下也会累得气喘吁吁,更不用说老人了。有的天桥不设自行车推行坡道,或者因为坡度较高而形同虚设。

还有一类比较特殊的桥梁,就是公园里或者园林里的桥(图4-8)。公园里短小的桥一般是为了让游人接近水面,便于观赏水中景色。公园里较长的桥宜于曲折多姿,从不同角度欣赏园中的风景。

2)桥梁的精神功能

由于人的需求是多层次的,桥梁批评还需要考虑桥梁对人的精神感受的影响。桥梁精神功能主要包括三个方面:安全感和舒适感、美学价值、象征性。

安全感和舒适感是人的基本需要,也是桥梁应该给予通行者的基本的心理感受。人对形态、色彩和光的视觉感受会引起不同的心理反应,习惯将眼前的喜恶感与视觉的感受化为一体。表4-1 摘录了部分和桥梁相关的视觉感受与相应的心理反应。

a）网师园的桥❶

c）颐和园的桥❸

b）狮子林的桥❷

d）拙政园的桥❹

图4-8　中国古典园林中的桥

视觉感受与心理反应　　表4-1

视觉感受	心理反应
不稳定性；不合逻辑的复杂性；视觉上不平衡的点或线；杂乱；粗糙；色彩混乱；颤抖、眩目的光刺激等	紧张感
无法判断位置与比例；过度的倾斜、扭曲、压迫；残缺、怪诞、不稳定的形体；震颤；眩目的光等	恐惧感、压抑感
流畅的线条和稳定感强的空间结构；适度的、熟悉的材料构成的空间；质地调和；色彩宁静；光线柔和等	轻松感
柔和、流畅、旋转、飞舞；激活情绪的色彩；精巧的布置等	欢乐、自由
尺度宏伟、气氛庄重；垂直向上的形体；秩序对称；高贵的材料；纯白色、蓝绿色、青紫色等	崇高、敬畏

---

❶来源：Christian Gänshirt-Own work，CC BY-SA 4.0，https://commons.wikimedia.org/w/index.php?curid=37721788。

❷来源：The original uploader was Finblanco at Chinese Wikipedia.-Transferred from zh.wikipedia to Commons by Shizhao using CommonsHelper.，CC BY-SA 3.0，https://commons.wikimedia.org/w/index.php?curid=12451976。

❸来源：Shizhao-Own work，CC BY-SA 2.5，https://commons.wikimedia.org/w/index.php?curid=3576706。

❹来源：韩笃一-Own work，Public Domain，https://commons.wikimedia.org/w/index.php?curid=7248358。

美学价值是桥梁精神功能的一个重要视角。桥梁的审美主要涉及结构、形式、建筑材料的美，桥梁的比例、尺度、节奏、韵律、色彩和肌理等建筑的形式美。因为地区、文化、种族等的差异，人们的审美标准也是有差异的。人们对美的判断是客观和主观的统一。社会存在决定社会意识，正常人的生理和心理的因素是相对稳定和类似的，对于客观事物的感性认识应该是有共性的。桥梁批评对审美的研究重点在于总结适用于桥梁的审美规律和美学原则，而不是具体的或者个人的好恶。

美的事物除了感性认识之外也需要思考和判断。首先要讨论的是形式和内容的关系。桥梁的内容表现为桥梁的形式，二者缺一不可。功能、意境是所要表达的基本内容，材料、结构、技术是实现内容的形式。在桥梁的创作中，限于能力或当时的客观条件，有时设计师的思想并不能够或者不能完全表现在形式之中。例如：每一种新材料最初往往是应用于旧的结构形式上，这样的情况是可以理解的，但有时为了追求形式，用不真实的方式来表达结构的内容，在造型上使人产生错误的联想是需要避免的。处理好桥梁形式和内容的关系，不仅要使之表里一致，而且要表现为艺术形象。

在形式上进行美学处理的方法之一就是装饰。现代建筑已经摆脱了古典建筑过于繁复奢华的装饰做法，但是也没有必要把装饰看作“罪恶”。在桥梁本身内容的基础上，对形式的表达予以美学的处理就是适度的装饰。有些特殊的，作为城市地标的桥梁需要附加其他物品（比如雕塑、照明等）使主体内容更加丰富，这样的装饰控制在适度的范围内也是可行的。

桥梁的象征性主要反映其社会属性，如社会价值、文化价值、宗教价值等。各种建筑流派都希望通过建筑来表达自身的观念。不同的建筑结构存在着不同的形式逻辑。桥梁应该重视历史传统文脉，从传统中寻找意义，寻找现代和传统的结合点。

4.4.3 科学技术

桥梁批评的科学技术视角主要关注桥梁的结构技术、材料技术、施工技术，尤其是技术的创新。科学技术的日新月异一方面满足了现实生活中人们对桥梁的更高的物质功能要求，另一方面又满足人们在审美和精神上的需求。形态和功能上的实现离不开有效技术的支持，现有技术条件所提供的可能决定着桥梁设计的走势与趋向。

从科学技术的视角进行桥梁批评，需要考虑诸多影响因素，重点在于各个方面的技术创新。技术创新会受到社会经济与文化领域方面的影响。经济的进步为技术发展提供物质基础,文化领域的变化则会改变人们的部分价值观和审美观,使得人们对桥梁形态和功能产生新的要求,从而对技术创新产生一定程度的影响。但更重要的是生产力和科学技术的发展对技术创新所产生的深刻影响。更进一步来讲,桥梁评论的科学技术视角主要考虑结构创新、材料创新、施工技术创新。

桥梁的结构技术创新直接影响设计创新的进程,并与桥梁的功能和形态创新密不可分。结构创新是影响桥梁形态创新的最为重要的一个方面。从桥梁结构技术创新的历史来看,每一次结构技术的重大创新,都会引起一次重大的创新潮流。比如组合体系拱桥、现代悬索桥等新的结构体系的应用造就了城市桥梁充满现代气息、丰富多彩的建筑外貌。桥梁的建造历史表明,人类总是不断地利用已掌握的技术手段,在桥梁跨度方面进行创新。结构理论的突破、计算工具的完善、施工技术的成熟等诸多条件,也都是桥梁结构得以创新的保证。从桥梁结构技术的创新结果来看,无论是新的结构形式的创造还是已有的结构形式的优化都是评论中应该积极肯定和鼓励的。

桥梁的建筑材料创新是设计创新的技术保障。建筑水平的进步往往伴随着建筑材料的创新。一种新的建筑材料的出现对桥梁的生产力水平的提高和产业形态的改变,会起到意想不到的作用。桥梁的结构形式、设计和施工水平在很大程度上受当时的建筑材料种类和性能的限制。建筑设计师们在使用材料时,必须要了解材料的性能和特点,要针对不同的需求,选择不同的材料。建筑材料的色彩、质地和纹理对城市桥梁的外观也有很大的影响。研发新型建筑材料和改进传统建筑材料,是从建筑材料创新的角度进行桥梁批评的主要视角。

桥梁技术的创新,必须以建筑施工技术作为保障。桥梁结构创新、建筑材料创新以及设计创新都在很大程度上必须依赖于施工的创新。桥梁施工创新的目的是通过采用施工体系化创新和科学技术创新成果,采用新的技术手段,实行科学管理,提高结构施工质量和能力,缩短工期,降低成本,创造生态环保的施工环境。桥梁施工创新的批评视角一般包括施工技术创新的评价视角与施工组织创新的评价视角两个方面,其中施工技术创新涉及人的操作熟练程度、施工工具和机械、施工方法等;施工组织创新涉及材料的运输、进度的安排、人力的调配等。近年来,桥梁施工管理技术创新的趋势是,采用应用技术方法(如运筹学、系统工程、决策论、价值工程、经济预测术)和电子计算机技术相结合,逐步将现代桥梁施工管理技术发展成一门完整的科学技术。网络技术、全面质量管理、工程预测技术与电子计算机应用的结合技术成为目前桥梁施工创新的重点。

4.5 桥梁中的价值问题

塔夫里在《建筑学的理论和历史》一书中,触及了建筑的价值问题:“建筑本身始终在表明,建筑存在的基础正是永恒的价值和意义以及这些价值和意义在不同历史时期所经受的变化之间的不稳定平衡。”价值是建筑存在的基础,也是桥梁存在的基础。

根据主客体的关系理论,现实的价值由三个方面的因素构成并确定,即价值客体、价值主体和价值内容。“桥梁的价值”就是作为客体的桥梁具有的满足价值主体的属性。绝大部分桥梁属于公共设施,价值的主体一般是指桥梁的使用者和投资者。从广义的角度来说投资者是该地区的所有纳税人,代表他们的是政府相关部门的业主。对桥梁中的价值问题的讨论考虑的价值主体是综合了所有个人主体的广泛的社会主体。价值内容的分类主要从价值的性质和价值满足主体哪一方面的需求等角度来考察。

桥梁是人造物,是人类为了实现最基本的交通功能而建造的工程实体。因此首先有必要分清楚桥梁中的目的价值和工具价值。项海帆院士提出的“安全、适用、经济、美观、耐久和环保”六项基本原则中“安全”和“耐久”属于工具价值的范畴,“适用、经济、美观和环保”属于目的价值的范畴。

“适用、经济、美观和环保”分别对应了价值主体在通行、经济、审美、环保不同领域的需求。“适用、经济、美观和环保”是桥梁中的目的价值的概括的表达,在桥梁批评中需要进行更具体的分类。桥梁中的目的价值主要有功能价值、社会价值、艺术价值、历史文化价值、生态价值、科学技术价值。

4.5.1 功能价值

一般我们所说的功能价值是指桥梁的使用功能,就是桥梁能够发挥的作用和效用,在性质上属于物质价值。桥梁最主要也是最基本的功能是交通功能,连接被障碍物隔断的道路。每一座桥梁在设计要求中都会明确地说明具体的功能要求,例如:通航净空、道路等级、车道布置、航空限高等。此外,使用功能中还包括通行者的舒适感等生理需要的满足。桥梁并不是居住建筑,使用者一般只是在桥上短暂停留或直接经过,生理需要主要是通行的舒适感。对舒适感影响较大的是由于行车或桥梁振动带来的加速度,可以通过对相关参数的限制来提高桥梁的舒适感。最后,凡有行人通行需要的桥梁必须满足残障人士等特殊的价值主体的活动需求。无障碍通道的设置也是桥梁功能价值的一种表现。桥梁的功能价值是对人的交通需求以及在通行中的生理和活动需求的满足。

4.5.2　社会价值

桥梁的社会价值是指对人类社会需要的满足,是桥梁及其建造活动具有的社会意义,如是否能推动社会进步、促进社会公平、关注弱势群体。桥梁的社会价值主要包括经济价值、伦理价值、政治价值。桥梁实现了两地的人和物的流通,促进了地区经济的发展。尤其是连接了多个经济区域的、在特殊地理位置的桥梁,对经济发展的辐射范围更广泛。桥梁的伦理价值主要体现在职业伦理、行为规范、从业者的社会责任感等。例如:在有人、车混合交通的情况下,桥梁设计中就应该体现对弱势群体的关注。桥梁提供的是公共通行空间,不同的车道满足了不同人群的需要。在城市交通量剧增的情况下,道路和桥梁的设计中大量存在行车空间对行人和自行车通行空间的挤压。这样的设计要求或方案就体现了对伦理价值的漠视。桥梁的政治价值一般体现在一些特殊的桥梁中,例如:相邻两国边境处建设的"和平桥"或者为了纪念两国友好关系建设的桥梁。桥梁的社会价值中,经济价值属于物质价值,伦理价值和政治价值属于精神价值。

4.5.3　文化艺术价值

桥梁中的文化艺术价值主要是指审美价值。审美价值是指主体的审美需要的满足,精神享受和精神生产价值的统一。桥梁的整体形态给观赏者带来的愉悦感是精神享受价值。桥梁中所体现的美学思想属于精神生产价值,它告诉人们美的规律与法则,例如:"少就是多""形式追随功能""装饰就是罪恶"等。美学思想能够带来桥梁欣赏者的审美的感知能力和判断能力的提高、审美趣味的发展。桥梁的精神享受价值对普通大众更为重要,桥梁的精神生产价值则对桥梁批评的专业人员更为重要。对桥梁艺术价值的感知和判断能力是专业的桥梁批评者需要具备的基本素质。

在桥梁批评活动中,专业的批评者应该区别审美价值的形式美和美学思想的不同。例如:"节奏与韵律、尺度与比例、和谐与统一、调和与对比"等规则属于建筑形式美的构成方式,并不属于美学思想的范畴。桥梁的审美价值并不是在于一定要遵守以上的形式规则,在审美价值的创造中更没有必要对以上的规则生搬硬套,而是要运用合适的构图方法来表达设计思想。

4.5.4 符号价值

桥梁的符号价值指的是桥梁的形式所体现的意义。桥梁的意义包含了建筑的象征意义、在历史文脉中的意义、意识形态的含意等。例如:中国石拱桥和古罗马的拱券结构在历史文脉中都有其特殊意义,是具有符号意义的形式。

4.5.5 生态价值

桥梁的生态价值主要体现在对自然环境的保护、生态环境的营造和生态技术的应用等三个方面。要实现对环境的保护既要最大程度减少施工中对场地原有环境的破坏和污染,还要在施工完成以后尽快恢复原有的自然环境。在此基础上,桥梁结构建成后还要实现桥梁周边的生态环境的营造,如绿化平台或桥梁公园的建设等。桥梁中生态技术的应用体现为对减少能源消耗的新材料、新工艺、新结构的应用。例如:全预制拼装技术在城市高架桥中的应用不仅减少了扬尘、噪声等施工污染,还节约了大量的人力物力。

4.5.6 科学技术价值

桥梁的科学技术价值主要体现在从设计到施工运营全过程中的科技创新。项海帆院士认为桥梁工程中原始的科技创新主要分为五个方面:创新桥梁和体系、新材料和连接技术、创新结构构造及附属设备、创新工法及装备以及创新理论和分析方法。原始创新属于创新的第一层次。桥梁工程中还存在大量的使已有技术获得更多价值的有意义的改进和拓展,主要体现在提高安全性、方便施工、增强耐久性、降低经济成本、改善使用功能和美观效果。项海帆院士还强调不要刻意地追求跨径之最,而是重视创新带来的价值。桥梁的科技创新价值属于精神生产价值的范畴。

4.5.7 场所价值

桥梁的场所价值体现在将自然物、宇宙秩序、场所特性、光线、时间和地域精神诠释成为建筑形态,通过形象化、互补关系、象征化“集结”功能,给人以方向感和认同感。建造桥梁的过程就是人类在集结各种功能构筑一个人为场所的过程。台湾的淡江大桥、布拉格的查理大桥都是将地域精神、城市文化象征化的优秀案例。

4.6 批评与价值判断

4.6.1 批评的价值等级序列

价值判断是批评最重要的目标之一。批评主体需要在价值关系分析的基础上判断价值客体对价值主体有无价值、有什么价值以及有多少价值。上一节分析了桥梁中包含的价值,对价值高低的判断需要有明确的价值标准。舍勒按照价值的等级序列提出了五项区分价值高低的标准:价值越是延续就越高;价值在延展性和可分性方面参与得越少就越高;价值通过其他价值被奠基得越少就越高;价值与对它们的感受相联结的"满足"越深就越高;价值对它们的感受在"感受"与"偏好"的特定本质载体设定上所具有的相对性越少就越高。简单地说这五个标准就是持续性、不可分性、主体满足程度、相对独立性、与特殊自然机体的关联性。

舍勒的价值标准对桥梁中的价值判断有重要的参考价值。桥梁中的价值越是能够保持时间上的持久性,价值越高。例如:赵州桥、外白渡桥等历史桥梁,经历了世事变迁仍然被大众认可、推崇,它们包含的价值就远远高于其他同时期的桥梁。对"不可分性"的理解,笔者认为强调的是部分与整体的关系。例如:赵州桥的大拱与小拱,在功能上各司其职,在造型上相映成趣,每一部分都是整体不可或缺的,部分组成的整体远远大于部分之和。主体满足程度是价值关系中最本质的关系,这也说明,价值的高低是由主体偏好决定的,没有脱离主体的价值。试想将布拉格的查理大桥放在一个文化迥异的城市,桥梁的场所价值就会大大地降低。相对独立性的判断标准无论是对桥梁的科学技术价值、审美价值、场所价值的判断都是适用的。桥梁中独创性越高价值就越高,在科技创新领域是很容易判断的,但在审美价值和场所价值的判断上由于人们更容易接受和当下主流价值观一致的表达方式,只有随着时间的推移,价值主体的"偏好"有所变化之后更容易被辨识。每一种新的设计思潮在萌芽阶段往往是被批判的,这就更需要批评者用发展的眼光看问题。与特殊自然机体的关联性想说明的是相对于物质价值,精神价值更可贵,但桥梁不是艺术品,它的精神价值应该被重视,但不能凌驾于使用功能之上。

4.6.2 批评的类型

批评中的价值判断大多都是相对的,可以借助参照物用比较的方法进行判

断。常用的参照物主要有三种:批评对象的等价物以及可以比较的价值对象性;表现为价值等价物的规范或范式;批评的价值象征物。

借助于批评对象的等价物以及可以比较的价值对象性而进行的批评经常用于桥梁方案评选和评审中。一个方案具有的价值高低可以通过和其他方案进行比较后得出结论。这样的方法得到的是相对价值,受参照物的影响比较大。当一种代表新的设计思想的新形式出现的时候往往被否定,因为参照物只有代表以往常规方法的建筑形式,新形式的价值和旧形式的价值之间难以直接进行比较。如果采用将可以比较的价值对象化为具体的等价物中的价值的方法,价值判断的主体更容易认可的是对已有建筑形式的改进。

借助于规范和范式进行的批评是桥梁批评中常见的一种方法。每个国家都有各行业需要遵守的技术规范、规定和条例等。而且不同的历史时期不同地区都会有社会认可的主流的规则、范式和标准等,例如:桥梁的形式、风格、构图和比例。通用的或是形成惯例的规范和范式对桥梁批评的实践既有积极的调节作用也有消极的制约作用。例如:现行的桥梁规范对荷载的规定与很多超载严重的桥梁的实际荷载并不相符,如果机械地按照规范进行设计就有可能无法完全实现预期的使用功能。在审美价值的判断中,如果对传统的范式墨守成规同样会造成对具有创造性的设计作品的错误判断。

借助价值象征物进行的批评比以上两种方法更难把握。“价值的象征是对某种价值的普遍性的客观认识”。桥梁批评中会涉及到桥梁作品的象征表现,例如:宏伟、崇高、壮观、轻盈等。这是一种将具体的桥梁建筑形象抽象为观念和感受的方法,更能表达批评主体的深层次的理解和体会。在甲方的设计要求中常常会出现“标志性建筑”“体现时代特色、中国特色、地方特色”等过于模糊的表述,就是一种对价值象征物没有深入理解的表现。

第 5 章　桥梁批评符号论

5.1　概述

佩夫斯纳在《建筑类型的历史》一书中写到“无论建筑师情愿与否，每座建筑都在观赏者的头脑中产生一些联想”。这些“联想”不只是建筑师赋予的，还是使用者、建筑所在的环境等一切和建筑相关的因素赋予的。这些“联想”就是建筑的含意。桥梁也不只是实现交通功能的机器，如果我们需要理解和评价桥梁建筑，就需要理解桥梁建筑是如何携带这样一种含意的。

19 世纪 50 年代，意大利建筑学界将符号学引入建筑理论研究。他们试图弥补现代建筑语义缺失的不足，将建筑作品融入到丰富的历史和文化背景中。随后西方建筑理论家们开始架构建筑符号学和建筑语言学等新的理论，把建筑看作一种视觉语言和符号系统，和语言加以类比进行研究。符号是传达意义的载体，符号学就是研究符号的性质、组成、功能和用法的一门学说。符号研究是为了透过现象看内涵、看本质、看深层次的规律。由于符号学的视野开阔、操作性强、应用广泛，已经成为批评理论的方法论基础。

符号学的思维可以帮助我们在新的层面阅读、理解桥梁的意义和本质，在形式、逻辑、空间设计和内涵表达中有新的构思，也为设计师和使用者之间架起一座沟通的桥梁。本章提出桥梁批评的符号论，将建筑符号学理论、建筑符号学、建筑语言学的研究成果引入到桥梁批评领域，从语构学、语意学和语用学三个层面研究桥梁符号，将符号序列的方法应用于桥梁批评中，从历史文化等多角度分析桥梁的建筑形式的意义，从技术发展的角度研究其结构的内涵。

5.2　现代符号学的基本理论

直至 20 世纪初，现代符号学才作为一门独立的学科存在，建立了确定的学科体系，并逐步得到公众的认可。在现代符号学中，符号代表的是一种二元或三元的关系,是一个结合体,既包含其形式的部分,也包含所指代的意义的部分。符号学是研究符号的结构、系统以及表征和意指方式的科学。现代符号学的理论来源主要有索绪尔的语言符号学和皮尔斯的一般符号学理论。20 世纪 60 年代以来,符号学研究的突出特点是综合性和跨学科性,融合进了逻辑学、语言学、哲学、心理学、社会学、传播学等学科的研究方法和研究成果。

5.2.1 语言符号学理论

瑞士学者索绪尔是现代语言符号学的创始人,著有《普通语言学教程》一书。索绪尔开创性地将语言研究分为两个部分:基本部分和次要部分。基本部分为抽象的语言系统,属于心理学研究的范畴。次要部分为语言的具体的形式,如发音等,既包括心理的,也包括物理的层面。

索绪尔把语言看成“表达观念的符号系统”(图 5-1),他认为语言单位是由一个“概念”和一个“音响形象”结合而成的符号。“概念”和“音响符号”分别用“所指”(Signification)和“能指”(Signal)代替。符号就是所指和能指结合而成的整体。用通俗的词语来说所指和能指分别就是“内容”与“表达”。沿袭索绪尔在书中的例子,“树”这个词在人的脑海中的概念为所指,“树”的发音“ shù”即为能指。

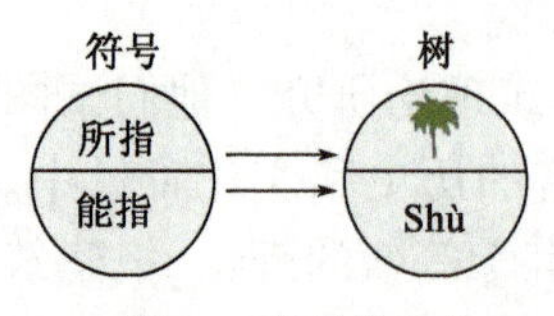

图 5-1　符号的组成

丹麦符号学家叶尔姆斯列夫继承了索绪尔的“语言是一个符号系统”的思想,深入研究了语言符号的各种形式之间的关系,提出了符号函数理论。以叶尔姆斯列夫为代表的语符学派是 20 世纪“结构主义”符号写研究的主要模式之一。

美籍俄罗斯人罗曼·雅各布森是符号学“结构—功能学派”的代表人物,他的语言符号学思想的渊源也来自于索绪尔。雅各布森主要关注语言符号的通讯(或交流)功能,他认为信息的传递受到交流过程中多个因素影响,不只是由符号或代码决定的,不同的情况下起决定性作用的因素也会不同。

5.2.2 一般符号学理论

查尔斯·桑德斯·皮尔斯创立了现代意义上的“一般符号学”理论。他认为符号学是“一门研究有关各种可能的符号过程(Semiosis)之本质特征及其基本种类的学说”。与索绪尔强调符号的社会功能不同的是,皮尔斯更强调符号的逻辑功能。皮尔斯“把符号及其生产过程更广泛地理解为拥有一套相对客观的规则和结构,而这些规则和结构又体现于一些经验科学的资料之中”。

皮尔斯提出了符号的三元关系,“将符号自身(即符号形式或符号载体)(A)定义为任何一种事物,它一方面由符号对象(B)所决定,另一方面又在人们的心灵中决定一个观念(符号解释)”,符号对象又间接地决定着符号对观念的决定方式,他把这种决定方式命名为“符号解释”(C)。沿用图5-1的例子,它们之间的关系可以用符号三角形(图5-2)来表示。

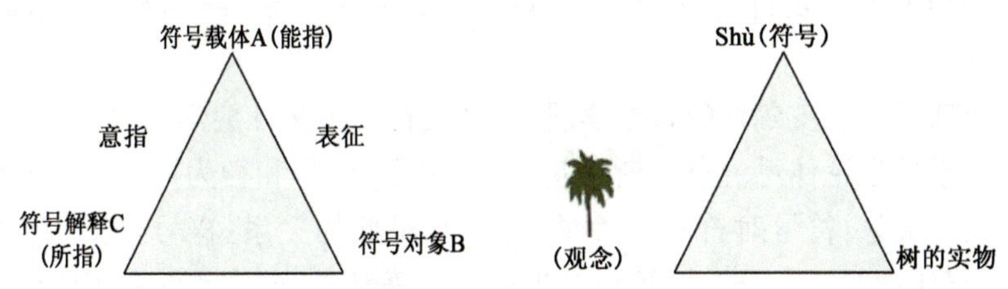

图5-2 符号三角形

根据符号的三元关系,皮尔斯提出了符号分类的三个基本角度:符号载体的属性;符号与其对象之间的关系;对符号与解释项的关系。

根据符号载体的属性,符号可以分为性质符号(Qualisign)、单一符号(Sinsign)与法则符号(Legisign)。性质符号是指符号载体通过自身的某种属性来指称符号对象,一般情况下不能实际地充当一个完整的符号。例如:某一种声音特性尖叫或者低鸣。单一符号包含一个或多个性质符号,可以作为一个完整的实际存在的符号,指称具体的对象或事件。法则符号由多个性质符号按照某种规则组成,不是指称一个单独的对象,而是某种类型的符号对象。

第二种分类是根据符号自身与其对象之间的关系分为相似符号(Icon)、指示符号(Index)和象征符号(Symbol)。相似符号是指符号自身的物质属性与其所代表的对象之间具有某种相似性。这种相似性可能是形象、声音或其他特性,例如:图纸与其代表的建筑之间的相似性。指示符号是指符号载体与符号对象之间有某种逻辑上的因果关系或类比关系。象征符号是指符号载体与符号对象之间有惯常的或约定俗成的通则,可以引起观念上联想的符号。

第三种是根据符号载体与符号解释的关系分类,分为名词符号(Rhema)、命题符号(Dicisign)和论证符号(Argument)。当符号的解释者对符号进行认知或反应时,名词符号可以被理解为再现某种类型的可能对象。名词符号能够提供一定的信息,但由于缺乏足够的说明,只能作为主观判断,无法有客观结论。名词符号一般是某个名称或概念。命题符号是由简单的名词符号等简单符号组合而成的复合符号,在思维活动中对应于各种各样的判断、诠释或说明。命题符号可以是真的,也可以是假的。由于包含更多的资料信息,与名词符号相比,能做更客观的诠释。论证符号对于其解释项来说是一个法则符号,是以符号的属性来再现其对象的符号。论证符号是包含充分的“前提”和“结论”的命题的法则符号。论证符号的命题是最接近真相的。因此,按照符号载体对符号对象的解释的真实性程度来看是:论证符号(Argument) > 命题符号(Dicisign) > 名词符号(Rhema)。

莫里斯继承了皮尔斯的符号学思想,并同行为主义社会学结合起来,构建了现代符号学的理论体系。莫里斯在其著作《指号、语言和行为》中指出符号涉及三个方面的关系:符号对符号的关系;符号对对象的关系;符号对使用者关系。与此对应,他将符号学分为语构学(符构学)、语义学(符义学)和语用学(符用学)三个部分。语构学研究符号的形式和组成,涉及形式美学和结构学。语义学研究符号所表达的含义,涉及到心理学。语用学研究符号的用途、来源以及符号与使用者之间的关系,涉及传播学、行为学和社会学等。

5.2.3 结构主义符号学理论

罗兰·巴尔特和德里达是现代文化符号学“结构主义”和“后结构主义”的代表人物。罗兰·巴尔特试图将语言学结构与其他文化符号统一在一个理论框架之内。尽管他最终未能为所有的文化符号的研究和分析提供方法论理论,但他的思想开启了文化符号分析的新视野。

德里达提出了“解构”符号学。在批评实践中,“解构”(Deconstruction)并不是指对意义的分解和破坏,而是指在对文本的分析和阅读的活动中发现其内在矛盾,打破固有的传统的意义认识的方式,甚至是打破学科界限,追求自由的思想和表达。在批评活动中,解构是一定程度上对批评对象的意义的重新建构。

结构主义和后结构主义符号学为批判研究提供了丰富的理论来源和工具方法。例如:马克思批评理论借用符号学的研究方法和概念,对社会历史语境中的文化现象进行了历史性的解剖和批判。通过对结构主义符号学的持久的批判与借鉴形成的“马克思主义符号学”已经成为马克思主义批判理论的重要支系。

5.3 桥梁符号

桥梁是一种引发一定通行行为的符号系统,是包含实用功能(主要是交通功能)和丰富内涵的符号系统,由不同代码组合而成的可识别的和表达明确的构筑物。当人们看到桥墩、桥面、桥塔、栏杆等桥梁构件时,就能够判断出这是和房屋、雕塑、水坝不同类的人造物。这些构件就可以看作组成桥梁符号体系的代码。桥梁批评的作用就是对桥梁符号和代码进行破译,揭示桥梁的功能和意义。

桥梁符号也是能指和所指的统一。能指包含桥梁的形式、体系、空间、跨径、色彩、质地、韵律等外在形式。能指还包括桥梁体验的部分,比如舒适感、开敞感等。桥梁符号的所指包含设计思想、美学含义、空间概念、文化习俗、科学技术、生活方式等思想、概念和意识。

5.3.1 桥梁符号具有意义

建筑的意义是一直以来都是建筑学研究中的一个重要问题。除了关注科学与技术问题之外,我国学者对桥梁的研究也逐渐开始关注桥梁美学与桥梁建筑艺术的层面,但对桥梁建筑意义的研究至今极少有人涉及。近年来桥梁设计作品体现出的人文精神的缺失也证明了意义研究的重要性。

建筑中存在着两种事实:建筑的物理性事实和文化性事实。物理性事实包含了营造科学、环境科学、行为科学等科学知识。文化性事实包含了建筑的象征意义、在历史文脉中的意义、意识形态的涵意等。文化性事实就是建筑的意义。孙全文认为没有意义的建筑只存在于没有任何信仰、感觉和思想的社会里,不会存在于人类社会的文化领域之中。

桥梁建筑中也同时存在物理性事实和文化性事实,对应于桥梁的物质功能和精神功能。桥梁建筑的文化性事实,也就是桥梁建筑的意义是借由它的创造者来赋予的,是通过批评主体的诠释而让人感知的,是受到约定俗成的观念与思想影响的。桥梁建筑的意义和本体之间在一定程度上是分离的,会随着批评主体、社会环境、历史时期的改变而变化。有很多像上海外白渡桥这样的历史桥梁,最初只是为了通行的目的而建设,随着岁月的变迁成为一种象征,可能是某个城市的象征,也可能是某个时代的象征。桥梁具有意义而且意义并不完全包含在本体之中,这两个特性也符合了索绪尔对符号的定义。

因此,我们不仅认为桥梁可以看作符号,还可以认为符号学正是一种合乎逻辑具有规则的研究桥梁建筑蕴含意义的理论与方法。

5.3.2 桥梁符号的信息传递功能

信息传递是符号系统的一个重要功能。桥梁作为一种和人类生活相关的建筑物,即使只是发挥它的基本功能也需要传递信息。按照 Shannon-Weaver 模型(图 5-3)的信息传递程序,桥梁符号的信息传递过程主要分为:信息转化为符号的过程;符号经过传递通道的过程;符号还原为信息的过程。

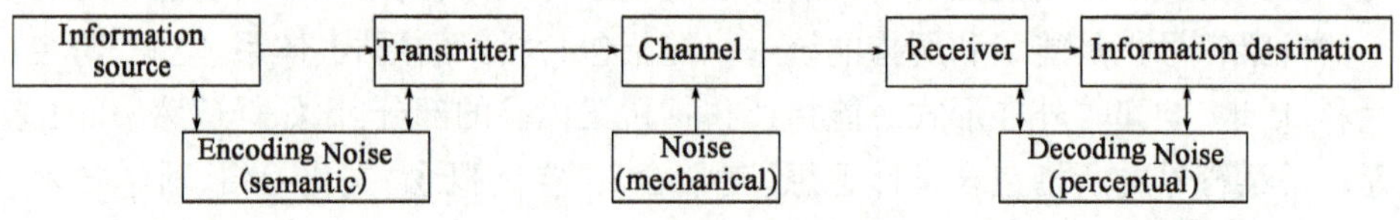

图 5-3 Shannon-Weaver 模型

1)信息转化为符号的过程

(1)信息传递的主体:桥梁设计师、工程师等。

(2)信息传递的内容:设计师的思想、观念、意图等。

(3)使用的桥梁符号。

符号规则:功能需求、桥梁及相关设计规范、法律法规、经济性及耐久性等要求。

符号形式:桥梁设计图纸、模型、文字说明等。

符号实物:已建成的桥梁建筑实体。

(4)语意的干扰:设计师未能正确领会设计要求或未能准确将设计要求和设计思想转化为桥梁符号。

2)桥梁符号经过传递通道

(1)通道:桥梁所在场地。

(2)设备干扰:施工建设造成的桥梁实物与设计意图的差距,场地客观环境的影响。

3)符号还原为信息的过程

(1)信息接收者:桥梁的使用、观赏者。

(2)理解的干扰:接收者对设计意图、设计原则和规范的认同差异,接收者对桥梁符号的理解的偏差。

桥梁符号的信息传递过程不仅说明其具有信息传递的功能,而且说明传递过程的每个阶段都可能受到“噪声”的干扰。桥梁批评的重要任务之一就是要分析并尽量排除“干扰”，理性地寻找“信息源”。

除了极少数私家园林里的桥梁，绝大多数桥梁的信息传播是直接面向广大群众的，在满足大众需求的同时以它的存在影响人们的出行和生活方式。与建筑相比，桥梁的信息传播更接近于一种大众传媒的方式，具有一些大众传播方式的信息特征，如信息表达的指令性，信息接收的随意性、商业性，信息风格的雅俗共赏等。因此，桥梁批评的对象既要关注“先锋派”的创新作品，也要关注“传统的”作品，以及“传统”与“创新”兼顾的作品。

5.4 桥梁符号的语构学层面

5.4.1 符号学的语构学(符构学)理论

语构学(Syntactics)是对符号的元素的组成方式的研究。美国语言学家乔姆斯基(Noam Chomsky)将语言结构分为两个层次：深层结构(Deep structure)和表层结构(Surface structure)。深层结构是含义所在，是由基本成分组成的结构，是相对稳定的，往往不能直接被感知。表层结构是外化的形式结构，可以直接被感知，容易受外界环境的影响而改变。表层结构是由深层结构经由演化法则转变而成的，同一个深层结构经由不同的转化方法可以变化为不同的表层结构。

以句子为例，乔姆斯基认为深层结构可以看成为：NP(名词短语)+VP(动词短语)，表层结构是在这个基础上不断地扩充成为T(The)+N(名词)+V(动词)+N(名词)，如图5-4所示。当然，句子的表层结构可以有很多其他的扩充和转变的方法。最终句子中的各个名词和动词的具体词汇是什么，由句子要表达的具体含义所决定，句子的结构只说明各个词汇之间的关系。

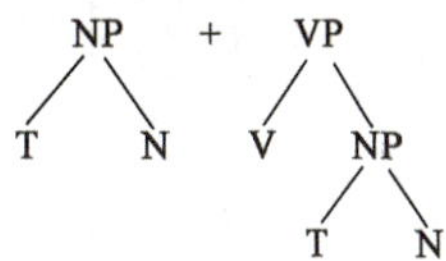

图5-4 句子的深层结构的转变

5.4.2 桥梁建筑语言的总体架构

桥梁和语言一样是符号系统，桥梁符号的研究可以借鉴语构学的分析方法。桥梁符号可以类比为建筑语言来进行结构的分析研究。在时间和空间的变化中，桥梁的建筑语言表层结构如材料、形式和装饰的变化比较明显。表层结构涉及的是主要是局部的、表面的问题。而建筑的深层结构如结构体系、整体布局、文化象征等变化一般要经历比较长的时间,受到社会、历史、文化、科技的变革的影响。桥梁建筑语言的深层结构表达桥梁的内在含义,是支配桥梁生成的根本因素。

桥梁的设计创作过程是将概念外化为形式的过程,也就是将桥梁的建筑语言由深层结构转化为表层结构的过程,主要可以分为概念构思和形式外化过程。

根据乔姆斯基的理论,深层结构是语法的基础部分。桥梁的深层结构体现的是人和外界环境的基本关系,也是桥梁设计建造的基本原则。国外对桥梁的设计强调 3E 原则,即效率(Efficiency)、经济(Economy)和优美(Elegance)三要素。我国最常用的桥梁设计原则是“安全、适用、经济、美观”。近年来,考虑可施工性、可养护性、保证全寿命使用的耐久性、环保节能的可持续性工程理念也成为重要的设计原则。项海帆院士提出 21 世纪桥梁概念设计应满足“安全、适用、经济、美观、耐久和环保”的六项原则。桥梁设计的要素和原则决定了它的深层结构,表达了桥梁建筑语言的基本含义。

桥梁的深层结构和建筑的深层结构在原则上基本一致,是一种稳定的、抽象化的概念描述。深层结构要外化为表层结构还需要考虑各种制约条件的影响,如功能、技术、经济、文化、环境等。桥梁的表层结构从外观上看是建筑形式和形态,从建筑语言的角度看是形式语言和技术语言的结合。桥梁的构成语言主要有形态的构成语言、结构与材料的构成语言、设备与技术(施工)的构成语言、桥梁与环境的构成语言(图 5-5)。它们是桥梁表层结构的主要构成语言。

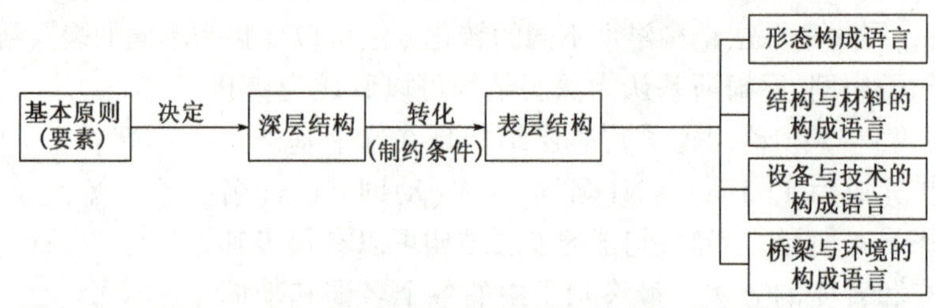

图 5-5　桥梁建筑语言的总体架构

5.4.3　桥梁建筑语言的深层结构

对应于建筑的深层结构的四部分内容,笔者将对桥梁建筑的深层结构的内容做进一步的阐述:

1)桥梁是实现人类通行和活动的容器

桥梁和建筑一样,其尺寸和形状应该适合于人类通行的活动(平面和立面的尺寸和形状)。由于一般的通行活动都是短暂的,大多数的桥梁并没有必要形成完全封闭的内部空间,只有少数有商业、集会或祭祀活动的廊桥的内部空间是封闭或半封闭的(如图5-6、图5-7所示)。总的来说,桥梁的空间需要是比较简单的,主要考虑桥面的布置,桥面空间的划分对行人和行车的需要的协调,桥上结构对通行空间的影响等几个方面。

图5-6 程阳永济桥❶

图5-7 西江苗寨廊桥

2)桥梁是特定气候的调节器

桥梁对外界气候的遮蔽和隔离功能主要是针对人行桥的需要。我国闽浙一代的廊桥又被称为风雨桥,就是指桥梁能够为行人遮风避雨。对于车辆通行而言,主要考虑在雨雪天气,桥面排水和防滑设施要满足通行要求。

❶来源:三猎-Own work,CC BY-SA 4.0,https://commons.wikimedia.org/w/index.php? curid=75701982。

3)桥梁是文化的象征

桥梁和建筑一样,是一种文化符号,代表了社会、历史、地域的文化特征。无论是桥梁的形式、功能还是技术都是文化的显性或者隐性的表现,并不是只有那些成为标志性建筑的桥梁才具有文化象征意义。

4)桥梁是资源的消耗者

桥梁是由建筑材料和设备建造而成的一个物质实体。在设计、建造、使用和维护直到拆除的全寿命过程中,桥梁连续不断地消耗着物质资源和人力资源。人类建造桥梁的目的是为了让这些资源最大程度上的升值,体现在经济、文化、环境等各个方面。

桥梁的深层结构的四个方面不是完全独立的,而是相互依存、相互联系的。例如:象金门大桥等具有鲜明的文化象征意义的桥梁,作为城市的热门景点吸引游客,又能带来经济效益。

5.4.4 桥梁建筑语言的表层结构

从桥梁发展的历史来看,桥梁建筑语言和建筑语言的深层结构的变化在古典时期是基本同步的。18 世纪下半叶之后,建筑师和工程师的工作逐步分离,桥梁的设计更加侧重技术的发展,而忽略了意义的表达。托马斯·史密特认为"建筑语言是建筑师和使用者之间相互理解的手段。建筑构思和由之发展出来的建筑语言应是明白、精确和简练的。建筑师眼前所浮现的,应该是使用者同时能感知的"。我们对桥梁的深层结构赋予的意义需要用表层结构来表达,需要用使用者能感知的建筑语言来表达。

桥梁建筑语言是一种构成语言,是形式和技术的构成语言,但其功能和空间构成相对简单。桥梁表层结构的构成语言可以概括为:形态的构成语言、结构与材料的构成语言、施工与设备的构成语言、桥梁与环境的构成语言。

1)形态的构成语言

桥梁的形态构成语言可以分为实体形式的构成语言和空间构成语言。

桥梁的实体形式是运用比例、均衡、秩序、节奏等形式规律,将点、线、面、体等基本要素组合成的几何形体,包括它的外部轮廓、内部结构及整体。桥梁的实体形式主要包含形状、尺寸、色彩和质感等属性。此外,对观察者的视觉和体验有影响的还包括桥梁所在的位置和方位以及观察者所处的客观环境。

作为桥梁的表层结构中最直观的部分,桥梁的形式创造时必须考虑观者的体验,这往往是桥梁设计师最容易忽略的部分。根据心理学的理论,人脑在处理视觉形象时,会进行最大程度的简化,越简单、规则的形体越容易使人感知。不同的几何形体不能简单地用美或者不美来判断。规则、对称的形体会让人感觉稳定、有序,更适合古典建筑语言的审美;而不规则且不对称的形体更有动感和视觉的冲击力,更适合后现代建筑语言的审美。

桥梁基本上是沿着桥面布置各种形体的线式形体(直线或曲线),桥墩、桥塔或桥拱等形式附着其上。对于梁桥来说梁是视觉的中心。对拱桥、斜拉桥和悬索桥来说是两个或更多的形体组合而成的形式,多个形体的边界相互接触、贯穿,每个形体都在争夺视觉中心的地位。哪一个形体在视觉上占有更重要的位置主要是由桥梁构件的尺寸决定的。例如:Sunniberg 桥(图 5-8)和厄勒海峡大桥(图 5-9)都是斜拉桥,构件组成是相同的,但是从塔的高度、塔和梁的相对位置可以判断出厄勒海峡大桥的桥塔承担了更多的荷载,而 Sunniberg 桥是典型的矮塔斜拉桥,主塔承担的荷载比例小于一般的斜拉桥。

图 5-8　Sunniberg 桥❶

图 5-9　厄勒海峡大桥(Öresund Bridge)❷

对于使用者来说,桥面的形式清晰地限定了外部空间(如图 5-10 所示),但建筑空间的概念不只是单纯的几何空间,而是人存在和活动的场所,包含了人与环境的关系。人们将看到的空间形象转化为情绪和感受的过程就是对空间语言的阅读过程。桥梁空间一般是长轴性的空间,桥梁形成的通道和周围环境结合,形成各种“密度”变化的领域。高密度的领域(桥梁的跨径较小的情况)作为图形被体验,低密度的区域(桥梁跨径较大的情况)更容易作为背景被体验(如图 5-9所示)。正如海德格尔所说“桥在河流周围聚合大地而构成景色”。

---

❶来源:Ikiwaner-Own work,CC BY-SA 3.0,https://commons.wikimedia.org/w/index.php?curid=987687。

❷来源:Hajotthu-Own work,CC BY-SA 4.0,https://commons.wikimedia.org/wiki/File:%C3%96resundbr%C3%BCcke_Pfeiler_und_Durchfahrt.JPG。

图 5-10　拙政园的桥[1]

桥梁的空间主要由桥上空间、桥下空间和从道路向桥梁过渡的桥头空间组成。对于有些城市桥梁的桥头空间可能还包括落坡空间、桥侧空间和桥头广场等空间形式。桥梁连接了两岸的道路,也连通了此岸到彼岸的空间。人从桥的一端到另一端,体验空间的过渡、连接、变化,甚至是不同空间的相互渗透、互为媒介。诺伯格·舒尔兹认为桥梁占有了河流上的空间,把原来统一的整体又进行了划分,人可以在桥上往返运动,可以同时感受到开敞自由和闭合保护。这也许就是桥梁空间特有的语言表达。例如:当下流行的玻璃桥使得栏杆和桥面变得通透,就一定程度上打破了桥梁带来的闭合空间,迫使行人在桥上直接面对"万丈深渊",形成强烈的心理刺激。

2)结构与材料的构成语言

桥梁的物理结构既是满足功能需求的物质载体,也是建筑形式最重要的组成部分。桥梁的设计不是单纯的艺术创作,而是要受到很多技术手段和原则的限制。这些原则有些情况下甚至是决定性的,其中最基本的原则就是结构受力和材料建造的合理性。

首先桥梁必须安全、稳固地传递各种荷载,桥梁的建筑形式要满足受力的合理性。荷载在结构上产生的内力是无形的,但是作用力在结构体系中的传递方式是可以形象化的。桥梁的受力结构是建筑本质的一种表现,就是基本的构成语言。桥梁的受力结构很多是外露的,几乎没有建筑的"表皮"。桥梁的结构体系清晰地让人们看到受力的主要构件及其组合,直白地展示了它承受和传递荷载的能力。在功能上各司其职的梁、拱、索、塔构成的几何形式又是桥梁的建筑艺术效果的表达。从设计的角度来看,桥梁的结构体系的选择主要是根据受力的需要,而构件的细部处理则可以在受力合理的基础上更多地考虑建筑和艺术的因素。

材料是桥梁表达艺术效果的另外一个重要的技术语言。桥梁的建筑形式也应该体现出材料应用的合理性、有效性和真实性。如路易斯·康关于"砖爱拱

---

[1]来源:韩笃一 -Own work, Public Domain, https://commons.wikimedia.org/w/index.php? curid = 7248386。

券”的表述就是依据材料特性获得符合建造逻辑的结构形式的说明。而且每一种材料都有它的艺术表现力，不同材料的质感和肌理视觉感受也是不同的。因此，作为构成语言的一部分，材料的正确使用和表达需要兼顾其本质和外观。

从建筑形式中结构的表现来看可以分为结构暴露和结构隐藏两种方式。结构暴露的方式主要有建筑形态即为结构形态(如图5-11所示)、建筑形态为经过装饰的结构(如图5-12、图5-13和图5-14所示)、建筑形态以结构为装饰(如图5-15所示)。在结构隐藏的方式中，建筑形态与结构没有直接联系，无论结构是否合理都不属于建筑形态表达的范畴。

图5-11　位于塞戈维亚的古罗马引水桥(Aqueduct of Segovia)❶

图5-12　明石海峡大桥(Akashi Kaikyo Bridge)❷

❶来源：McPolu-Image taken by the user from a balloon and uploaded to Flickr. The user changed its license to a commons-compatible one under request. , CC BY-SA 2.0, https://commons.wikimedia.org/w/index.php?curid=1088132。

❷来源：Tysto-Self-published work by Tysto, CC BY-SA 3.0, https://commons.wikimedia.org/w/index.php?curid=477955。

图 5-13　提比略桥(The Bridge of Tiberius)[1]

图 5-14　Green's Bridge in flower[2]

图 5-15　Chords 步行桥[3]

3)施工与设备的构成语言

对于一些大跨径桥梁和有特殊需要的桥梁,施工方法与建筑设备会直接影响桥梁的形式,也是一种重要的构成语言。

建成于 2007 年的法国福楼拜桥(如图 5-16 所示),为了满足通航净空的需要并考虑和两岸道路的衔接采用了开启桥。桥梁主跨 120m,主梁抬升时净空可

[1]来源:Heiko Trurnit-Own work,CC BY-SA 2.5,https://commons.wikimedia.org/w/index.php?curid=2961370。

[2]来源:Jason Quinn-Given for article on Green's Bridge,CC BY 4.0,https://commons.wikimedia.org/w/index.php?curid=49513966。

[3]来源:Ynhockey-Own work,CC BY-SA 3.0,https://commons.wikimedia.org/w/index.php?curid=4020244。

达55m。抬升主梁的设备主要是两个桥塔,每个桥塔由两根椭圆形柱子和上升装置组成,桥塔内部放置了电梯、平衡锤和缆索,电机、绞盘、控制台等机械装置放在桥塔底部的支座上,外置的设备只有蝴蝶架和缆索。为了减少风荷载的影响,主塔和蝴蝶架的造型都进行了优化设计。桥梁的整体形象简洁明快,桥塔和外露的上升装置能够让人明确地辨认出开启桥的特性,清晰地表达了桥梁设备的构成语言。

a)❶

b)❷

图5-16　法国福楼拜桥(Pont Gustave-Flaubert)

4)桥梁与环境的构成语言

桥梁是由自身的各个建筑元素构成的,同时又是构成环境的一部分。环境是行为和事件发生的场所。场所是“由具有物质的本质、形态、质感及颜色的具体物所组成的一个整体”。人类的需求即便是最基本的机能(如衣食住行)也会因为文化传统和环境条件的不同以不同的方式发生。人对场所的需求是具体的、特殊的,既有一般性也有特殊性。

对场所的分析一般首先是对自然现象和人为现象的区分,然后从水平和垂直两个向度以及内、外部空间来分析,最后是对场所特性的分析。特性是指场所营造的氛围。

对自然场景的理解和分析主要着重于:带来力量的自然物、宇宙的秩序、场所特性、光线和时间。物和秩序属于空间范畴,特性和光线属于气氛的范畴。时间使空间与特性成为真实生活的一部分,赋予生活事实以场所精神。自然场所的特性可以是浪漫的、古典的、宇宙式的或者是综合的。

---

❶来源:J. ESTRAT-Own work, Public Domain,https://commons. wikimedia. org/w/index. php? curid = 2538666。

❷来源:Claude Villetaneuse-Own work, CC BY – SA 3.0,https://commons. wikimedia. org/w/index. php? curid = 4353334。

人为场所包含的环境层次主要有城市、乡镇、村庄、建筑及其内部。人为场所一方面与外部的自然或文化地景相关,一方面与内部的次场所相关,如广场、街区、道路等。在人为场所中,人的体验主要是方向感和认同感。如果以建筑来表示人为场所的具体化,可以分为浪漫式建筑、宇宙式建筑和古典式建筑。

人存在于天地之间,生活的人为环境并不只是实用的工具,而是反映出人对自然环境和自身存在的理解和需求。建筑物的建造是为了满足人类生活和存在的需要,生理的、机能的、安全感和归属感的需要。人为场所与自然场所的关系有三种主要的构筑方式。第一种构筑方式是将自然的力量具体化、形象化,一定程度上也是对自然的模仿。例如:早期的石板桥、折边拱桥、锁链桥等。第二种方式是对已有环境的补充,以满足人类超出了自然已有物的需求,例如:颐和园的十七孔桥。这一类构筑方式更具创造性。第三种方式是将对自然的理解象征化,创造一个适合自身的“小宇宙”,例如:扬州的五亭桥。

桥梁连接了河流两岸,也连接和融合了周围的自然场所和人为场所。河岸并非只是陆地与河流的边界,它和桥梁一道把两岸的更广阔的风景带向河流。桥梁使得河流、河岸、陆地彼此相邻,它集结大地成为河流四周的风景。桥墩立足于河床之上,承载着桥拱。桥梁引导着河水的流淌,也为人提供了道路。城市里的桥从住所通向教堂广场,乡镇里的桥把车水马龙带向村庄,高速公路上的桥成为长途交通的快速通道。桥梁以多种方式伴送着或急或缓的来来往往的人,使他们到达彼岸。桥梁以它的方式将天、地、城、人聚集为一个整体。

桥首先是一座桥,但不是单纯的一座桥,而是对天、地、城、人四重整体的聚集(如图5-17所示)。建造桥梁的过程就是人类在集结各种功能构筑一个人为场所的过程。桥梁建造的最基本目的是连接道路,所以桥梁所在的场所几乎不可能是纯粹的自然场所,而是融合了自然环境的人为场所。人为场所的精神必须包含地域的精神并求其本源。因此,桥梁的构筑过程就是一个将自然物、宇宙秩序、场所特性、光线、时间和地域精神诠释成为建筑形态的过程,通过形象化、互补关系、象征化“集结”功能的过程。

将自然的力量具体化和形象化可以直接利用线条和装饰来表现,或者将它具体化成为人为的物,或者通过抽象化的方式将建筑形式转化为垂直和水平的系统。古罗马的水道桥就是典型的将自然力量具体化的例子。宇宙秩序的营造可以通过空间的组织来表达出结构的相似性。由于桥梁大多是开敞的,所以比较难以表达整体的天地之间的关系。中国江南的“小桥流水人家”表达的是一种对大地的归属。场所的特性由造型的明晰性来表达。例如:源于古希腊的柱式和古罗马的拱券都是用来表达造型特性的象征性的建筑语言。造型的明确性不只是简单地用视觉效果上的美来界定的，而是指建筑的整体和细部的每一个部分都清晰地表达了这种特性。桥梁中极少有对自然光线的处理，但夜间的装饰灯光目前是城市桥梁表达建筑特性的一种主要方式。时间是现象的连续和变化所形成的秩序。桥梁的路径是时间向度最具体化的象征，引导人去向一个有意义的目标。人为场所中的桥梁需要集结地域精神并求其根源，借着象征化将大众关注的内容加以改变。

图5-17 苏黎世的桥[1]

下面以布拉格的查理大桥（图5-18）来说明桥梁如何成为“集结大地成为河

a)[2]

b)[3]

图5-18 布拉格查理大桥

[1]来源：MadGeographer-Own work，CC BY-SA 3.0，https://commons.wikimedia.org/w/index.php? curid=5749503。

[2]来源：A. Savin（Wikimedia Commons · WikiPhotoSpace）-Own work，FAL，https://commons.wikimedia.org/w/index.php? curid=54173840。

[3]来源：Sergey Ashmarin，CC BY-SA 3.0，https://commons.wikimedia.org/w/index.php? curid=38296402。

流环绕的地景"。布拉格是一个有着强烈神秘感的城市,综合了各种风格的历史建筑有着传奇的过去。城市建筑既是恋地的,又是高耸的。低矮的拱廊、厚重的地面表达了与大地的亲密,高耸的尖塔、垂直的山墙又在探寻天空的高度。而同时,各个地区的中心建筑又体现了地域精神之所在。诺伯舒茨对布拉格的场所精神的描述是"神秘又令人恐惧,同时既温暖又有安全感"。

美丽的伏尔塔瓦河将布拉格一分为二。一侧是平坦土地上的老城区,主要是高耸的哥特建筑。另一侧是小城镇和城堡山丘,起主导地位的是圆顶的巴洛克建筑和城堡。查尔斯桥将两侧相连,集结了地景和城镇景观,整体被体验为一个环境,构成城市的中心。查尔斯桥"破旧而有点曲折的运行结合了街道两侧以及高塔和雕像,与横跨河流的水平系列的拱形成一种对位"。

5.5 桥梁符号的语意学层面

5.5.1 桥梁符号的能指(形式)与所指(含义)

按索绪尔的理论,符号是由"能指"(Signal)和"所指"(Signification)组成的统一体。桥梁符号也是能指和所指的统一。能指包含桥梁的形式、空间、跨径、色彩、质地、韵律等外在形式和特质,这些特质集中在一座桥梁建筑上有时是难以完全分割的。能指还包括桥梁体验的部分,比如舒适感、开敞感等。桥梁符号的所指虽然很难明确具体的范围,但在精确性和复杂性等方面还是无法和语言符号相提并论。所以桥梁设计中文字说明是必不可少的,借以补充阐明桥梁设计需要表达的信息,减少信息传达中的"噪声"。所指才是桥梁符号真正要表达的内涵,如设计思想、美学观念、使用功能、文化习俗等。但还有一些更深层次的更隐匿的所指,比如历史文脉、心理学和现象学的一些因素等。总的来说,桥梁符号的能指和所指分别指代的是桥梁符号的形式和含义两个层面(表5-1)。

桥梁符号的能指与所指 表5-1

<table>
<tr><td rowspan="2">能指
(形式层面)</td><td>表现形式</td><td>表现特质</td><td>感觉与体验</td></tr>
<tr><td>形式、空间、表面、跨径、体量、建筑材料、结构体系等</td><td>色彩、质地、比例、韵律等</td><td>舒适感、开敞感、愉悦感等</td></tr>
<tr><td rowspan="2">所指
(含义层面)</td><td colspan="2">显性的</td><td>隐性的</td></tr>
<tr><td colspan="2">建筑思想、美学观念、文化习俗、社会意识、宗教信仰、生活方式、交通需求、商业目的、科技及经济水平等</td><td>历史文脉、心理学、现象学、图像学等</td></tr>
</table>

索绪尔认为语言符号的所指和能指之间的关系具有分离性。例如“姐妹”在中文中用汉字词语“姐妹”来表达,在英文中用单词“sister”来表达。“姐妹”和“sister”的文字和发音都不同,却能表达相同的含义。从表5-1可以看出桥梁符号具有形式层面的多样性和含义层面的复杂性,从而导致桥梁符号的内容层面和形式层面含义层面之间关系可能是相关的,也可能是分离的。例如:同样的设计要求可以用不同的桥梁方案来实现,同一个桥梁形式也有可能表达多样的建筑内容。桥梁符号和语言符号有一个很大的不同点就是它指代具体事物(符号对象),如一座实际存在的桥梁或桥梁的实际功能等。因此,桥梁符号更符合奥格登—理查兹(Ogden—Richards)的语义三角形模式。如图5-19所示,桥梁符号的所指是符号对象(实际事物)在人脑中的反映,它们之间的联系是直接的,用实线相连。桥梁符号的所指用能指来表达,也用实线相连。但桥梁符号的能指和实际事物之间的联系不是绝对必然的,所以用虚线相连。

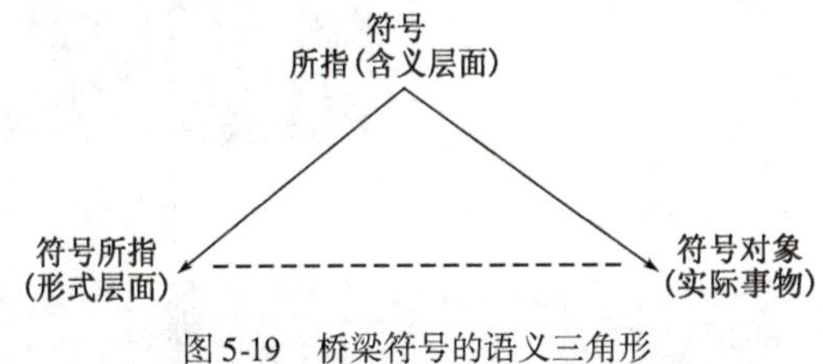

图5-19 桥梁符号的语义三角形

相比起语言符号,桥梁符号与实际功能的关系更密切,任意性更小,但桥梁实物或实物的功能并不是符号的元素,不是桥梁符号所指的一部分。例如,通过视觉看到图纸上绘出的桥梁符号时,人在大脑中会反应出相应的功能,但这只是人通过判断得出图纸中的桥可能有的功能,不能等同于按照图纸建成的桥梁具有的实际功能。实际“桥梁”或实际功能的存在是对桥梁符号的有效约束,可以避免桥梁符号在性质上过于空泛。

由于能指和所指是符号学的专有名词,为了便于理解,本文以下章节将分别用“形式”和“含义”来代替桥梁符号的“能指”和“所指”。

5.5.2 桥梁符号语意层面的分类

前文中提到,根据能指、所指和实际对象之间的关系,皮尔士把符号分为相似符号(Icon)、指示符号(Index)和象征性符号(Symbol)。按照形式层面、含义层面和实际事物之间的关系,桥梁符号也可以分为相似符号、指示符号和象征性符号三类。

1)桥梁的相似符号

桥梁的相似符号是符号的形式与含义或符号对象之间有相似的特征,最常见的是构形的相似性。桥梁的相似符号主要有两种类型,一种是图纸、模型、照片等图像符号。这种相似的性质和程度似乎很难界定。无论是简单勾勒的桥梁的轮廓还是精确的设计图纸都可以看作图像符号。这种相似并不是过度强调桥梁的物理性质,而是更多的侧重于结构、空间和布局的内在相似。如图5-20的结构简图和图5-21都可以看作连续梁桥的图像符号。还有一种类型是桥梁某些构件的造型模仿了某一种事物,例如:形似巨大银色贝壳的穆尔岛桥(如图5-22所示)。

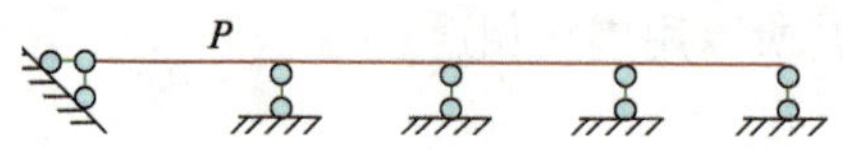

图5-20 连续梁简化图

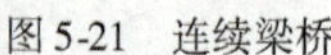

图5-21 连续梁桥

图5-22 穆尔岛桥❶

2)桥梁的指示符号

桥梁的指示符号是指桥梁符号的形式和含义之间存在一种合逻辑的因果关系,主要代表了其实用功能。如桥墩代表支撑,桥面代表通行,桥台代表桥梁与道路的衔接等(如图5-23所示)。在实用性设计当中,最常用到的桥梁符号是表

❶来源:Public Domain, https://commons. wikimedia. org/w/index. php? curid = 85354。

达形式与功能的因果关系的指示符号。随着桥梁形式的丰富,历史悠久的指示符号得到反复的运用也有可能成为象征性符号。

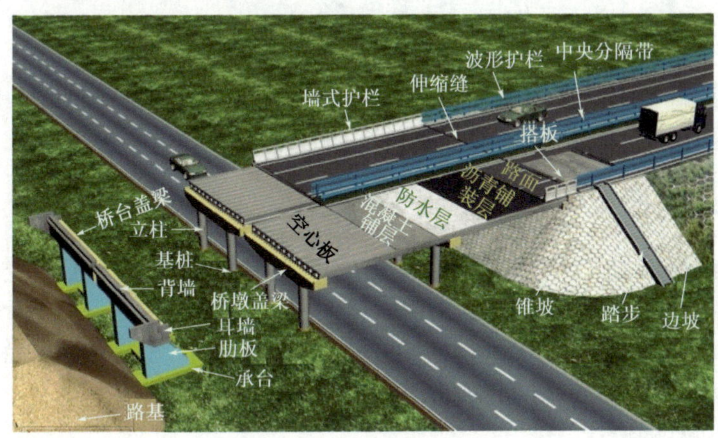

图5-23　空心板梁桥

3)桥梁的象征符号

桥梁的象征符号的形式与含义层面之间是一种约定俗成的象征关系,不再具有构形相似性和功能上的因果关系等强约束关系。桥梁的象征符号具有和语言符号类似的特性,体现了桥梁的建筑意义的丰富性,使得桥梁形式可以代表多样的建筑内容,如文化习俗、社会意识、经济价值、科技水平等。例如:外白渡桥等特殊的历史桥梁,是地域文化和某个特殊时代的象征。

在不同时期应用于桥梁的古典柱式就是一种象征符号。例如:亚历山大三桥采用的爱奥尼式立柱雕刻精细,装饰复杂,倒是充分体现了古典柱式盛装华丽的一面,成为过度装饰的象征。古典柱式还体现了一种符号演变的过程。在古希腊时期,柱式主要作为一种结构形式应用于庙宇中,可以看作指示符号。到了古罗马,逐步被用作装饰元素,兼有结构功能,如古罗马斗兽场的拱券结构可以看作指示符号与图像符号的结合。但古罗马时期大量修建的水道桥中,拱券是真正的受力结构,没有多余的装饰,可以看作指示符号。文艺复兴以后,古典柱式成为确定建筑风格和比例关系的关键元素,有些柱式只纯粹地起到构图作用,成为象征意义为主的建筑符号,例如:亚历山大三桥两端雕像下的柱子。

这三种符号之间的界限并不是绝对的,有些桥梁符号会同时具有两个或两个以上特征。如古代的石拱桥,无论是中国的赵州桥,还是古罗马的水道桥,除了具有指示符号的特征(代表了跨越的功能),还具有象征符号的特征(代表了古代劳动人民的造桥智慧和地域文化)。

5.6 桥梁符号的语用学层面

对桥梁符号的研究是为了分析人对符号的感受以及在设计和批评中如何运用,并不只是为了给每个符号贴上标签,说明类型。

5.6.1 桥梁符号在设计中的应用

按照深层结构与表层结构的转换规则,可以将设计方法分为四种类型:实用性的设计(Pragmatic Design)、类比性的设计(Analogical Design)、几何性的设计(Geometric Design)、类型学的设计(Typological Design)。这四种方法的独立或综合运用就可以生成桥梁的表层结构。

1)实用性的设计

实用性的设计是以实用功能为设计目标,也是人类最早进行设计的方法:寻找各种可用的建筑材料,不断尝试构造满足生活需要的建筑物。以工业革命时期的铸铁拱桥为例,第一座铸铁拱桥煤溪谷桥(图 5-24)采用的是木结构的格构式的主拱圈形式,并没有充分发挥铸铁抗压性能好,抗拉性能差的材料特性。19 世纪初建成的克拉雷奇桥(图 5-25)采用的桁架式主拱圈才是适用于铸铁材料的实用设计。由此可见,实用性设计中主要采用的是指示符号,而不是相似符号。

图 5-24 煤溪谷桥❶

图 5-25 克拉雷奇桥(Craigellachie Bridge)❷

---

❶来源:© User:Colin/Wikimedia Commons,CC BY-SA 4.0,https://commons.wikimedia.org/w/index.php?curid=35774598。

❷来源:High school engo teacher (talk))-Own work,Public Domain,https://commons.wikimedia.org/w/index.php?curid=6070925。

在现代桥梁设计中，当使用新材料或新桥型的时候，设计师会首先以有效实现功能为目的，采用数值模拟的方法不断优化桥梁的结构形式和构造尺寸，可以很大程度上避免对已有的桥梁符号的盲目模仿。

2）类比性的设计

类比性的设计就是通过对类比物的引用来进行设计工作。常见的类比方式主要有对动植物形状的类比或是对某种事物的状态的类比，运用的主要是桥梁的相似符号。前文中提到的穆尔岛桥就是对贝壳的模仿。新加坡的波浪桥模仿的是波浪运动的状态，全桥有四个波峰三个波谷（图5-26）。

图5-26　新加坡波浪桥❶

3）几何性的设计

几何性的设计是用几何原则来设计。随着人类文明的演进，有些具体形象的设计会逐渐精炼出抽象的形式或规则。黄金分割比、维特鲁威人的比例关系，或者是从大师作品里抽象出的比例关系就是在建筑设计中经久不衰的几何规则。古罗马时期广泛使用于输水道桥的拱券结构是典型的桥梁符号，反复出现在不同时期的高架桥中（图5-27、图5-28）。无论是抽象的几何形式还是几何规则都需要具体的载体，因此与几何性设计相关性最大的是桥梁的相似符号。

4）类型学的设计

类型学的设计是指处于同一文化背景中的人共同认可的一种固定形象，并将这种形象运用到建筑中。这种特定的建筑形态是和某一地域的文化风俗、地

---

❶来源：User：（WT-shared）Jpatokal at wts wikivoyage，CC BY-SA 4.0，https://commons.wikimedia.org/w/index.php?curid=22923621。

理气候、生活习惯相适应的。类型学的设计是以约定俗成的认同作为原则,象征符号的使用是必不可少的。例如:我国江南地区的石拱桥已经成为江南文化的象征,是典型的桥梁象征符号。

图 5-27 德国 Göltzsch 高架桥(Göltzsch Viaduct)❶

图 5-28 英格兰格伦菲南高架桥(Glenfinnan Viaduct)❷

5.6.2 桥梁符号的诠释与分析

从符号学的角度,人类的精神活动是将思维符号化的过程。桥梁的设计过程就是将人脑中对桥梁的设计外化为桥梁符号组成的建筑形象的过程。每一座桥都包含大量的桥梁符号,桥梁批评的主体对这些符号所释放的信息的认识和解读是一个复杂的工作。引入符号学的观点,将桥梁看成一个符号系统开展桥梁批评活动是一种新的尝试,具有重要的意义。

参考 Juan P. Bonta 的研究,将批评主体对桥梁符号的诠释与分析分为三个层次:直觉式、实证式、解析式。

1)直觉式的诠释

直觉式的诠释是根据批评主体对桥梁的直观感受进行诠释。这些直观感受主要是大众对桥梁外形、平面和空间布局带来的通行体验的主观感觉,缺乏深入客观的判断。

---

❶来源:André Karwath aka Aka-Own work, CC BY-SA 2.5, https://commons.wikimedia.org/w/index.php?curid=16657。

❷来源:Benutzer:Nicolas17-Self-photographed, CC BY-SA 2.5, https://commons.wikimedia.org/w/index.php?curid=1332938。

2）实证式的诠释

实证式的诠释的是根据实证资料对桥梁进行诠释。实证资料主要有对桥梁的口头访问、问卷调查、结构计算书等。调查资料的来源主要是对某座桥梁有实际体验的人。由于经费和人力所限，调查结果只能反映在特定的时间和地域的范围内的一部分人的观点。调查资料的结果大多是用量化的形式表达。还有一类实证资料就是桥梁结构计算书，这主要是对桥梁结构安全性的验证。

3）解析式的诠释

解析式的诠释是利用文献资料、研究成果，从社会、历史、文化、环境、结构的安全性、耐久性等多方面对桥梁进行分析和诠释。解析式诠释方法的资料来源包括不同时期和地域的文献记录和研究成果。这些资料主要是专业人士长期观察、体验和研究的结果，可靠度较高，研究视角丰富，诠释内容深入。

以上三种方法当中，直觉式的诠释方法最不严谨，可信度最低。实证式的诠释方法着重于对事实的陈述，但受到时间和地域等限制，诠释的范围比较有限。解析式的诠释方法是对专家学者的涉及多个领域的专业意见的集中与分析，能反映出随着时空变化的内涵于桥梁中的建筑意义。从实际操作层面来说，解析式的诠释方法包含实证式的诠释方法，实证式的诠释方法包含直觉式的诠释方法。因此，三种方法当中解析式的方法最优，实证式的方法次之，直觉式的方法诠释的层次最低。

这三种诠释方法的层次关系与符号的诠释层次是一致的：Argument > Dicent > Rhema。如果桥梁符号能够对使用者反映出 Argument 层次的效应时，只有借着解析式的诠释才能说明其涵义。实证式的诠释方法可以用于说明 Dicent和 Rhema 层次的效应。直觉式的方法只能说明 Rhema 层次的效应。诠释方式和桥梁符号之间的关系可以用表 5-2 来说明。

诠释方法与桥梁符号之间的关系　　表 5-2

桥梁符号 诠释方式	Rhema	Dicent	Argument
直觉式诠释方法	√	×	×
实证式诠释方法	√	√	√
解析式诠释方法	√	√	√

第 6 章　桥梁批评方法论

6.1　概述

桥梁批评的方法论是桥梁批评理论的基础理论之一，也是桥梁批评的有力工具。方法是人们为了认识世界和改造世界，达到某种目的所采取的活动方式、程序和手段的总和。方法论是研究关于方法的性质、特征、内容、分类、操作要求等的科学理论，是人们认识世界和改造世界的一般方式、方法的理论体系。桥梁批评的方法是在桥梁工程与建筑批评学等相关学科结合的范围内，应用不同的批评模式实现批评目的思维方法、认识方法、判断方式及评价方法。桥梁批评的核心是批评的客体、批评的主体、桥梁文本（建成的或未建成的）、桥梁的读者（欣赏者）和使用者以及它们的关系。

从目前批评学的发展来看，文学批评、艺术批评和建筑批评的研究更加成熟，它们的批评方法值得参考和借鉴，尤其是建筑批评的方法和桥梁批评有很多共通之处。桥梁批评的研究领域已经向非土木工程的领域开放，桥梁批评方法论也需要与其他学科领域结合。桥梁批评需要的是自然科学与社会科学相互渗透的交叉型的批评方法。桥梁批评方法论的研究需要综合桥梁工程、建筑学、美学、现象学、符号学、社会学、哲学等多学科的理论和方法，形成适用于桥梁批评对象的批评方法与模式。本章的研究内容主要有桥梁批评的对象、桥梁批评的标准和桥梁批评的模式。

6.2　批评的对象

从广义的角度看，桥梁批评的对象包括与桥梁及与其相关的所有人物、事件和活动，即桥梁实体或作品、桥梁设计师的创作思想、桥梁设计、建造和使用的全过程，还包括影响桥梁实践的自然环境、社会环境和精神生活的各个领域。文学批评中，最重要的对象是“作者”“文本”和“读者”。桥梁“文本”的读者和文学批评的读者不同,主要是欣赏者和实用者,而不是改造者和创造者,本章主要对桥梁设计师和桥梁作品进行分析。

6.2.1 桥梁设计师

在文学批评史上,对于如何看待作者的作用有两种截然不同的态度。一种是法国结构主义哲学家罗兰·巴特的“作者死亡”的观点。他认为明确的作者是对作品的一种限定和指向。他把批评对象仅限于文学作品本身,认为与作者的背景、意识无关,对作品的理解是读者和批评家的事。而法国哲学家福柯则认为如果作者消亡了,那么作者影响下的文化领域也将消失。福柯肯定了作家的创作主体地位。他认为受法律和习俗的影响,作者的存在确实是对作品的话语权的一种限制,但是这种限制并不是绝对的。那些没有作者或作者无法考据的杰出作品同样会被认可和传播。况且作者并不只代表个人,而是社会环境的产物。即便是同一个作者,在不同时期的创作思想也有可能是不同的。文艺作品因为具有那些指向作者的符号而更富有个性,更易于读者的理解。

桥梁设计师是桥梁作品的创作主体,也是桥梁批评活动的对象之一。桥梁设计师的创作会受到社会的、历史的、文化的、个人生活、教育经历等多方面因素的影响。桥梁批评活动需要关注设计师的创作个性、创作风格和创作方法。对设计师的研究和分析要和作品联系起来,不能脱离作品来谈思想。

与建筑师相比,无论是大众还是专业领域对桥梁设计师的重视都是不够的。很多专业书籍中介绍到某一座桥的时候很少会提及桥梁的设计师,桥梁专业的教科书中也极少会讨论某一个设计师或他的设计思想。在中国历史上,桥梁设计师的地位低下,他们的名字只是一种可有可无的符号,现存的大量古桥中有设计师记载的微乎其微。即便是当下,除了研究桥梁史的专业人员,其他人也并不关注设计师是谁。即使了解,也并不代表这座桥就是按照设计师的个人意愿建造的,可能影响更大的是甲方的意愿或其他复杂的社会因素。

设计师的批评具有非专业人士所不具备的前瞻性和预测性。他们可以预见所设计的桥梁在未来对城市环境、社会生活的影响及后果。而且他们设计的具有个性的优秀的桥梁作品也会对将来的桥梁和城市发展起导向性作用。所以,设计师的设计本身就是一种用作品表达的批评行为,设计师对自己作品和创作思想的解释也是一种批评行为。同时,设计师的作品和对作品的解释又是桥梁批评活动的研究对象。例如:在国内外杂志已发表的以卡拉特拉瓦的作品和思想为研究对象的学术论文已有数百篇之多。

从桥梁批评的角度,设计师的名字有时候也作为一种分类方式。设计师的名字可以把他自己设计的桥梁聚集起来,成为一种类型。西方桥梁史上有一系列作品具有鲜明个人色彩的设计师,例如:古斯塔夫·亚历山大·埃菲尔、罗伯特·马拉尔、邓文中、莱昂哈特·卡拉特拉瓦等。

卡拉特拉瓦是为数不多的集建筑师、工程师和雕塑家的才能于一身的桥梁设计师,他的作品堪称科学与艺术的结晶。卡拉特拉瓦幼年时学习艺术,高中毕业后先后学习建筑学和工程技术,获得建筑系技术科学学位。他的教育经历奠定了日后设计实践中的艺术表现力和理性结合的设计风格。卡拉特拉瓦的桥梁作品的主要内容就是动态、平衡和自然的结构。他在不同时期的作品既有明显的改变也有清晰的共性(图6-1)。

a)❶ b)❷ c)❸ d)❹

图6-1　卡拉特拉瓦设计的桥梁

---

❶来源:Goyo Arriaga-Own work,CC BY-SA 3.0,https://commons.wikimedia.org/wiki/File:Puente_de_Calatrava-_Bach_de_Roda_-_panoramio.jpg。

❷来源:Andrew Dunn-Own work,CC BY-SA 2.0,https://commons.wikimedia.org/w/index.php?curid=786429。

❸来源:Luis Javier Gala Orgaz-Flickr: Puente Lusitania,CC BY-SA 2.0,https://commons.wikimedia.org/w/index.php?curid=23107051。

❹来源:Ynhockey-Own work,CC BY-SA 3.0,https://commons.wikimedia.org/w/index.php?curid=4020244。

6.2.2 桥梁作品

桥梁作品是桥梁批评的主要对象,未建成的设计作品也可以看成批评的对象。批评主体需要对桥梁作品的形式以及形式所包含的价值和意义进行分析和诠释。未建成的设计作品是指设计师原创的设计文本,包括草图、施工图和模型等。对未建成的设计作品的批评可以用来确定设计师的设计思想,包括最初的设计意图、设计修改的动机和原因。对未建成的作品的批评大多是对桥梁方案进行的比较,是对设计作品未来可能有的价值和意义的推测和想象。桥梁方案评审和方案竞赛的评比是桥梁批评活动中对设计实践影响较大一种方式。

已建成的桥梁有可见可感的形式、空间、体量,因此对桥梁实物的批评比对设计文本的批评更直观。已经建成的桥梁,随着历史的变迁,会发生使用功能的变化、业主的变换和造型的调整等。随着与桥梁相关事件的发生,桥梁被烙上了各种“印记”,不再是最初的“作者文本”了。

以上海外白渡桥为例,桥址处最初建成的桥梁并不是现在的这座桥。1856年,在上海的“外摆渡”口由英国人建造了一座可以开启的木结构桥——威尔斯桥(图6-2)。该桥只向往来的华人收取费用,引起了极大的不满。建成十多年后,威尔斯桥的部分桥墩开始腐烂,出现了严重的质量隐患。1872年工部局收购了威尔斯桥,并在其西侧修建了一座新的木桥—花园桥(图6-3)。因华人过桥不再需要支付费用,花园桥又被称为“外白渡桥”。随着上海的贸易发展,花园桥已无法满足城市交通的需要。工部局在1906年选中英国霍沃思·厄斯金公司承建钢结构桥梁,以取代原来的木桥。

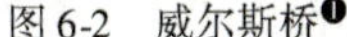

图6-2 威尔斯桥[1]

图6-3 花园桥[2]

❶来源:Public Domain,https://commons.wikimedia.org/w/index.php? curid=9717029。

❷来源:Public Domain,https://commons.wikimedia.org/w/index.php? curid=1785508。

1908 年 3 月 5 日，带着明显的工业革命气息的钢桁架桥屹立在上海的黄浦江畔，桥名按习惯就称为“外白渡桥”(图 6-4)。当上海的第一辆有轨电车顺利通过桥面，苏州河两岸的交通开启了新的篇章。100 多年过去了，几经修缮的外白渡桥(图 6-5)见证了上海这座城市的屈辱与抗争，战争与和平，发展与繁荣，聚集了一代又一代上海人的集体记忆，成为了城市的标记与符号。109 岁的外白渡桥是设计师的创造，更是城市、人民、时间和历史的创造。这就是桥梁不同于文学作品、艺术作品的地方，桥梁是城市的一部分，是市民生活的一部分，是在一系列事件中呈现的现实文本。

图 6-4　建成初期的外白渡桥❶

图 6-5　现在的外白渡桥❷

6.3　批评的标准

桥梁批评的目的不仅是制定批评的标准和规范，还是为了启示和引导桥梁的审美观念和审美标准，创造未来的更好的桥梁作品。但是桥梁批评又必然要涉及批评的标准，也就是批评活动依据的尺度、规范、原则以及判断的价值取向。桥梁批评的标准主要有现实性和理想性标准、主观性与客观性标准、实践性与非普遍性标准。

1)现实性和理想性标准

桥梁既要考虑当下的需要也要考虑未来的需要。桥梁的批评面对的是现实的桥梁，是为了一定的目的而产生的，其标准和规范针对现实的需要，着重的是

---

❶来源：Lang Jingshan-http://wanshi2008. ok. blog. 163. com/blog/static/5615701520139290514394，Public Domain，https://commons. wikimedia. org/w/index. php? curid = 33027514。

❷来源：Guerinf-Own work，CC BY-SA 4.0，https://commons. wikimedia. org/w/index. php? curid = 51401268。

实用功能、社会影响和环境的关系等。另一方面，桥梁批评在今天的桥梁的基础上构建未来的桥梁。桥梁的批评必然会表达某种理想，尤其是在批评新的桥梁形式的时候，所提出的标准往往都是具有理想性的。

2）主体性与客观性标准

桥梁批评是与批评主体的主观意识联系在一起的，批评主体的批评动机、要求、知识背景、教育程度以及观察的角度等都会对批评主体选择的批评标准和规范产生影响。从表面上看，桥梁批评标准是因人因时因地而有着很大的差异。然而，桥梁批评并不是批评家的个人行为，只有在社会活动中才能形成批评的能力和标准。

批评既是一定程度的真理判断，更是一种价值判断。作为真理判断，桥梁批评的标准必然具有客观性。价值判断之所以是客观的不是因为它们存在于对人和社会的关系之外，而是因为它们表现批评对象对社会的人和人类社会的客观意义。价值以人和社会的相互关系为前提，而这种关系是客观形成的，不以人的主观意志为转移。价值的客观性决定了批评标准的客观性，这种客观性是一种建立在社会历史和社会实践基础上的客观性。

3）实践性与非普遍性标准

桥梁批评的标准不是单向的，不仅桥梁批评的主体会制定标准和规范，批评活动的实践和桥梁建设的实践也会反过来对批评的标准和规范进行调整和修改。

批评的历史性和实践性的特点告诉我们，不存在一种永恒的标准和规范。但是对一个特定的城市而言，优秀的桥梁作品可以有三个标准。第一类是城市的代表作，对该地区产生过重要影响的某个时期的代表作。例如：上海的外白渡桥，南京长江大桥（图6-6）。第二类是品质优秀的作品，在综合结构形式、社会

图6-6 南京长江大桥❶

❶来源：Patrick from Beijing，China-南京长江大桥，CC BY 2.0，https://commons.wikimedia.org/w/index.php?curid=7136768。

性以及建构形态中显示出高品质的作品,例如:旧金山的金门大桥。第三类是类型学上有突出贡献的作品,也就是创造了新的桥梁形式的作品,例如:卡拉特拉瓦设计的无背索斜拉桥阿拉米罗桥。

6.4 批评的模式

就批评本身而言,文学批评和艺术批评比建筑批评和桥梁批评要成熟的多。文艺批评的方法和模式早已有人做过研究和总结。从批评的观点和内容来看文艺批评中比较有权威性的是美国人魏伯·司各特的文艺批评的五种模式:道德批评模式、心理批评模式、社会批评模式、形式主义批评模式、原型批评模式。

道德批评模式从文艺作品与道德观念的关系进行批评,其特点是视文学为人生,重视作品作用于人的根本目的以及它在形成人的观念和态度中的影响。强调创作的循规蹈矩、自我克制和遵纪守法。

心理批评模式从作品与心理学理论进行批评,是21世纪最受重视的一种模式。这种批评运用弗洛伊德等心理学家的理论来分析作者的创作动机,剖析作者塑造的人物以及他们的心态结构与表现。

社会批评模式这种批评认为文艺与社会之间存在着紧密的关系,文艺不是凭空创造也不是个人的成果,而是特定时代的产物,作者作为社会中一个能够发言的成员而对社会产生影响。

形式主义批评模式从美学角度进行批评。强调作品是一个独立的整体而避开个人和社会的因素,集中分析作品本身的风格、结构、语言和词汇特色。

原型批评模式是用神话的眼光看文艺作品。这种模式产生较晚,其依据是荣格的集体意识理论。它确信现代人身上仍然不自觉地保留着古代神话中的原始意识。批评试图从作品中发现与破译潜在其中的某种神话意识的涵义。

也有批评家从批评的对象出发,把批评归结为作者论、文本论和读者论三个方面。

参照已有的文学、艺术、建筑批评模式,从批评的观点和内容来考察,桥梁批评可以分为类似的批评模式:价值批评模式、社会批评模式、心理批评、形式批评模式、科学和技术模式、建筑现象学批评模式。

6.4.1 价值批评模式

价值批评模式就是以人的需要为尺度对批评对象做出判断。桥梁的价值批评模式探讨桥梁的物质价值与精神价值之间的平衡关系,也就是桥梁对人的生活的积极作用,是否结合实际还是随心所欲。桥梁的价值批评模式涉及桥梁的建造目的、对人类社会的作用、设计思想、设计师和工程师的职业道德等。

从人类的建造历史看,桥梁始终与积极正面含义联系在一起,桥梁帮助人们的足迹跨越障碍,带来贸易的交流、文化的沟通与知识的传播。但随着城市化的进程不断推进,城市公共交通系统中的步行天桥却越来越被边缘化。现代功能主义的城市教条所倡导的基础设施优先与工具理性把城市的地面步行系统切割得支离破碎,被动的、用以取代人行横道的过街天桥成为机动车对人行空间的进一步压榨,违背了设计以人为本的前提。例如:北京中关村的步行天桥,从桥梁和人的尺度的比例来看,这似乎只是一个交通的机器。

6.4.2 社会批评模式

桥梁的社会批评模式是以社会群体为主体的,关于主客体之间价值的关系的批评模式。这种模式强调桥梁对时代精神与社会实际的反映与促进,承认科学发展、生产方式与生产关系的改变是桥梁发展的根本动力。社会对桥梁的影响是十分深远的,桥梁是社会政治、经济和文化的符号。从根本上说是社会存在创造了桥梁及其形式,不同的社会现实会深刻影响桥梁和设计师的观点和态度,从而直接导致桥梁及其形式的演变。桥梁的建成非个人力量所能及,建成后它的存在也非任何人主观上可以把它抹杀掉的,因而它的形成、作用与影响同它所处的时间与空间密切相关。

例如:上海黄浦江上桥梁方案的选择就受到了经济因素的影响,林元培谈到南浦和杨浦大桥之所以选用斜拉桥就是因为造桥的钱是从亚洲开发银行借来的,所以选用最便宜的方案。但造卢浦大桥的时候,我国的经济水平提高了,不需要向国外借钱了,在方案选择时除了经济因素还要考虑到城市美观。卢浦大桥的悬索桥方案造价比斜拉桥方案高 40% ~50% ,拱桥方案的造价比斜拉桥方案高 10% ,在当时的经济条件下是可以接受的。

桥梁的社会批评意识体现社会的价值观念和社会理想,是从历史演化的角度进行批评,承认社会意识形态的制约,但是也肩负起社会进步的历史责任。既要考虑桥梁存在的社会基础,也要考虑形成并影响桥梁设计师成长与发展的社会因素。具备社会责任的批评者能够发现桥梁的社会意义和历史意义,主张进步,反对倒退,引导设计师探索桥梁的社会意义。具备社会批评意识的设计师就不会在设计中只考虑作品的表现,自我的表现,还会认识到设计师的社会责任,把自己放在社会发展的背景下思考问题。

6.4.3 心理批评模式

桥梁的心理批评模式是针对设计师的创作思想与创作方法的一种批评模式，着重于分析设计师的创造性、灵感、心态以及他们在把这些思想进行外化时的构思与手法。桥梁的心理批评模式分为两种认识方式，作品的体验认识方式和研究作者理解作品的方式。

桥梁的心理批评模式需要将精神分析学等现代心理学理论运用于批评中，有些类似于文学上的精神分析学批评。精神分析批评注重探索作者与读者的心理机制和读者的阅读过程，注重研究文学文本的话语、形式结构及其与作者和读者之间的关系等，从而有助于对作者、作品和读者的分析和研究。

在桥梁批评中，从对作品的体验评价其价值，从作品的分析入手，研究设计师及其思想意识，就是一种批评的心理认识的方式。根据对作品的体验评价其价值，需要分析作品为什么能吸引人们的注意力，为什么能激动人心，寻找作品与设计师心理上的联系，分析人的行为与桥梁及其周边环境的关系。

另外一种方式是通过研究设计师来评价他们的作品，需要研究设计师的思想发展过程和设计作品的演变。通过研究作者来理解作品，分析作者与作品的本质联系也就是解剖作者头脑中的“黑匣子”。这种方式通过分析作品发现作者的无意识倾向和深层的思想，这类的发现反过来又可以增进对作品本身的理解。

但是桥梁作品与文学作品不同，并不存在作品直接的人格表白。迄今为止，也很少有人撰写桥梁设计师的传记，对设计师作心理解剖和分析。著名的桥梁设计师中通过著书立说的方式表述自己的设计思想的人为数不多，比较有代表性的有莱昂哈特、茅以升、邓文中等。他们的著作对我们研究他们的设计思想的发展和桥梁作品的演化大有裨益。

6.4.4 形式批评模式

桥梁的形式批评模式注重桥梁的图像学和类型学特征的分析，是一种从纯视觉与感受的方面，强调对桥梁形式的艺术特征进行评价的批评模式。形式批评模式一直是建筑批评历史上影响最大的批评模式之一。

形式批评模式的批评对象是不须借助外界的因素而存在的。形式批评从桥梁作品自我完善的体系出发，主要关注桥梁的设计手法、形式构成、形式结构、艺术技巧以及形式与内容之间的关系。形式批评中批评家需要把注意力从对作品的设计师、外部环境、时代特点等因素拉回到桥梁作品本身，根据造型规律、形式美学及审美趣味进行批评。

形式批评的方法起源于古希腊,柏拉图、亚里士多德、贺拉斯等哲学家都提出过关于形式美的观点。现代西方形式批评源起于德国古典美学,理论先驱是哲学家康德。西方形式批评的主要流派有:俄国形式主义批评、英美新批评、结构主义与符号学批评等。英国艺术理论家、批评家克莱夫·贝尔在他的著作《艺术》中指出艺术的审美价值在于"有意味的形式":"在每件作品中,激起我们审美情感的是以一种独特的方式组合起来的线条和色彩,以及某些形式及其相互关系。"美国哲学家帕克指出经过艺术加工的实用对象显示出两级的形式美:第一级是外观的美,包括形式和感觉;第二级是体现在形式中的目的的美,主要是指功能。

综合形式批评的各种观点,桥梁的形式批评主要有合规律性和合目的性两个批评视角。合规律性是指桥梁的外形符合建筑形式美的法则,合目的性是指桥梁的形式与建造的目的要一致。桥梁是由各种建筑要素组成,如桥塔、桥墩、主梁、桥面、栏杆等。这些建筑要素具有一定的形状、大小、色彩和质感,其中形状和大小又可以抽象成为点、线、面、体及其度量。建筑形式美的法则就是这些点、线、面、体以及色彩和质感的普遍的组合规律,迄今为止影响最深远的建筑形式美的法则是古典建筑的构图原理,主要可以归纳为以下几点:

1)用简单的几何形状求统一

简单的几何形状如直线、曲线、圆形、三角形、正方形、矩形等,具有抽象的一致性,可以避免任意性。桥梁的平立面形状、体形组合或者是细部构造以简单的几种几何图形作为构图依据更容易获得抽象的统一和完整性。例如:古罗马时期的石拱桥采用最多的就是半圆拱,近代的高架桥中也常采用半圆拱(图6-7)。

2)比例和尺度

和谐的比例能够带给人美感。在桥梁中,各构件本身,构件之间或某构件与整体之间都有确定的数的比例关系。这种比例关系中的任一个如果超出和谐所允许的范围,都会造成整体的比例失调。但各种形状以什么样的比例才能产生和谐和美感,至今尚无定论。在几种简单几何形体中,圆形、正方形、等边三角形的比例关系都是确定的。矩形按照黄金分割原理得到的长宽之间的比例是目前为止唯一被公认的理想比例。还有一种观点是,多个形状相似的矩形排列在一起会产生和谐的感觉。比例是指构件尺寸的相互关系,是相对的。但桥梁中的任一尺寸一旦和人的使用需要和视觉感受联系起来,就必须要考虑它们和人体尺寸的关系,这就是建筑的尺度,例如:栏杆、台阶的尺寸要符合人的实际需要。需要带给人崇高、雄伟的感觉的建筑元素的尺寸应该是远远大于人的身高的。

相反，接近人的身高的尺度容易带来亲切感。

图 6-7　英格兰格伦菲南高架桥(Glenfinnan Viaduct)❶

所以，桥梁中的比例主要衡量两个方面：一是构件及相互之间的绝对的比例，二是各类尺寸与人的比例。比例的大小取决于想要表达的效果，并没有绝对的理想值。

3)均衡和稳定

均衡和稳定主要是构图给人的视觉感受，主要体现在立面构图上。如果立面构图的重心处于中心位置，同时构图在中轴线两侧是对称的情况称为静态对称均衡。考虑到受力的合理性，大多数桥梁都是静态对称均衡的。如果构图的重心不在中心位置，下大上小、下重上轻达到总体稳定的情况称为非对称均衡。富有变化的曲线或曲面保持的均衡称为动态均衡。扎哈·哈迪德设计的谢赫·扎伊德大桥(图 6-8)就是一个动态均衡的例子，整个形式有一种非匀质流动性的特点。非对称均衡和动态均衡的构图比完全对称的构图更活泼生动，在保证安全和造价允许的情况下是可行的，目前应用较多的也主要是人行天桥。但桥梁毕竟是公共建筑，造成视觉混乱的不对称和动态构图是需要避免的。

4)韵律与节奏

桥梁中的建筑元素有规律地重复出现，或者有秩序有变化的出现带来的美感通常称为韵律美。无论是桥梁的主要受力构件还是细部构造都有应用韵律美形成节奏感的案例，表现在桥梁中的韵律主要有连续韵律、渐变韵律、起伏韵律和交错韵律。

---

❶来源：Nicolas17-Self-photographed，CC BY-SA 2.5，https://en.wikipedia.org/wiki/Glenfinnan_Viaduct#/media/File:Glenfinnan_Viaduct.jpg。

图6-8　谢赫·扎伊德大桥❶

连续韵律是指一种或几种建筑要素连续排列,并保持恒定的距离。桥梁的桥跨、栏杆都可以运用这种方式获得连续性和节奏感。拱桥的桥跨设计就经常采用连续韵律。如英格兰的格伦菲南高架桥(图6-7),采用的就是拱券结构的连续韵律。

渐变韵律是指重复出现的建筑要素在某一方面有规则地逐渐变化,或长或短,或宽或窄,或密或疏。例如:颐和园的十七孔桥(图6-9),拱跨从中跨向两边逐渐缩小,渐变的几何图案奏出了"凝固的音乐"。每年冬至,落日的光线能照到每个桥洞,光与影的自然景象更丰富了韵律感的层次。

图6-9　颐和园十七孔桥❷

❶来源:Валерий Дед,CC BY 3.0,https://commons.wikimedia.org/w/index.php?curid=56109543。

❷来源:Tojan76-Own work,CC BY-SA 3.0,https://commons.wikimedia.org/w/index.php?curid=32855989。

起伏韵律一般是指构图在水平和竖直两个方向都有变化,如波浪起伏。加拿大的波浪桥就是一座名副其实的韵律起伏的桥梁(图6-10)。

图6-10　多伦多波浪桥❶

5)色彩

色彩是重要的视觉表现要素之一,能够给桥梁增光添彩,提升辨识度。但色彩对桥梁只能起到装饰作用,单靠色彩本身并不能给作品带来美。建筑的色彩应该和建筑的形式、材料有适宜的关系。桥梁的色彩合适与否取决于功能需要和桥梁与周围环境的关系。桥梁需要融合于周围的环境的情况下应该选择和周围建筑或自然环境接近、协调的色彩。如果桥梁要成为环境中众人瞩目的焦点,就应该选择和环境的对比度大的色彩。在功能方面,桥梁的色彩设计需要考虑特殊的环境,如多雾地区应选择醒目的色彩。

6)肌理

桥梁的建筑肌理是建筑表面的一种组织构造,强调造型性,有对视觉和触觉的双重影响。肌理的特性主要是建筑材料的特性决定的。在保证安全的情况下,应该选择适宜的材料来实现肌理的表现效果,一定程度上也可以进行装饰。例如:公园里的小桥多采用木材、石材,这些材料能给人亲切感。而商业区多选用金属和玻璃材质的结合,显得冷酷、透亮、轻盈、现代。

7)空间序列

桥梁的空间序列的组织就是要综合考虑空间的排列和时间的先后,使过桥

---

❶来源:Loozrboy from Toronto,Canada-Reflection Uploaded by Skeezix1000,CC BY-SA 2.0,https://commons.wikimedia.org/w/index.php?curid=9907096。

的人无论是在行进中还是在静止的状态下都能获得良好的观赏效果。桥梁的空间设计既要结合桥梁自身形态特征,也要综合组织周边相关要素,实现与两岸不同标高空间的顺畅衔接、自然过渡。在有可能的情况下积极提供观景空间。对于中小跨径桥梁可以适当扩展人行空间,以实现行人驻足观景的需求。对于大跨径或超大跨径桥梁,可以设置和交通空间分隔的专门的观景空间。

现代建筑的形式受立体主义的影响,强调功能主义的建筑形式,提倡反装饰的简单几何造型,功能上重空间而不再是重体量。信息时代出现了新的建筑形式,这是以计算机对建筑设计过程和建筑与城市的日常运行带来的深刻变化所形成的。内容与形式的关系不再占据核心的地位,而让位于空间与形式的关系。

虽然桥梁的形式变化与建筑形式的变化总的趋势是一致的。但由于少了建筑的那一层表皮,桥梁的形式更接近受力结构的形式,变化没有那么明显。如果说建筑师是用形式来表达建筑的诗意,那么桥梁设计师就是用形式和结构的结合来表达桥梁的诗意。要赋予桥梁以诗意,设计师不仅心中要有诗意,有理解环境、融入环境的心境还要有创造性的结构设计能力。而对于桥梁的批评者,至少需要具有读懂结构形式的诗意的能力。

6.4.5 科学批评模式

除了以上提到的,科学批评模式也是桥梁批评的一种重要模式。桥梁的科学批评模式注重桥梁设计和建造的科学技术理论和科学技术进步,客观地分析桥梁的技术经济因素,桥梁的设计和建造应用的技术是否合理,是否满足功能和耐久性的需要。桥梁的科学批评要研究桥梁的设计是否合乎逻辑,结构形式是否合理,设计过程是否科学,是否应用了最适宜的技术解决了桥梁的功能和耐久性等其他要求。例如:在桥梁的建筑形式的评价中,对某些重要参数(矢跨比、边中跨比、塔跨比等)除了对造型的美观的判断,还需要与已有的参数设计研究成果进行比较。

具体来说,科学批评模式中的批评方法主要是可以对桥梁中的某些性能做科学的定量化的评价或评估的方法。例如:对结构的承载能力、安全风险、耐久性、经济性等指标进行评价的科学方法。科学批评模式中的批评方法也包括采用科学的方法将定性的指标作定量的评价的方法。以评价目标来分类主要有单目标定量评价的方法,单目标定性评价的方法,多目标综合评价方法。其中对于结构安全性、耐久性、经济性等单目标可以用试验方法、理论分析和模拟计算方法、基于统计的经验系数法等方法直接根据试验或计算结果进行评价判断。对于一些定性的评价指标(如结构体系的优劣、功能的合理性等),常用的评价方

法有直接打分法和专家调查法。桥梁批评活动中更多的是需要对多目标进行综合评价，例如：桥梁方案的评选、桥梁的风险评估、施工安全评估等。综合评价方法中除了要考虑对每一个指标的评价，还要考虑指标之间的相互关系以及和总目标之间的关系，除了运用以上提到的方法给出指标的评价值以外，还要运用数学方法解决综合评价和决策中的问题。桥梁中比较常用的定量综合评价方法有层次分析法、网络层次分析法、模糊数学方法、灰色关联分析法、熵值法、人工神经网络分析方法等。在桥梁批评的实际应用中为了实现对定量和定性指标的综合评价，需要对评价目标进行充分的分析，再选用合适的方法。更多的情况下，需要选用2～3种方法进行综合，例如：层次分析——模糊综合评价法、模糊评判与灰色理论的方法等。

6.4.6 建筑现象学批评模式

现象学是一种透过现象研究意识的方法。现象学为批评学提供了新的理论和方法，在哲学批评、文学批评、艺术批评和建筑批评领域已得到广泛应用。“建筑的现象学批评是以建筑文本为主的批评，从建筑的形式结构中，寻找建筑和以人为核心的具体的存在空间、建筑空间和场所的意义”。

海德格尔关于栖居与建筑的理论为建筑现象学提供了哲学基础。他把桥梁看成集“天、地、人、神”于一身的场所。桥梁使河流、河岸、陆地彼此相邻，把车水马龙引向城市和村庄。用建筑现象学来研究桥梁就是将桥梁放在具体的、实在的和存在的领域加以理解，把桥梁的存在看作一个具体的现象。桥梁营造的环境不只是一个通道，而是人类生活发生的空间，是具体现象组成的生活世界，是能够被辨认、被认同的场所。桥梁与场所应该有形态上的联系、历史文脉上的联系和诗意上的联系。桥梁的建筑现象学批评模式就是从桥梁的形式结构中寻找人的存在空间、建筑空间和场所的精神，通过对桥梁作品的认识与说明，推想设计师的建筑思想。建筑现象学的批评模式的特点是一切的分析与说明以桥梁作品为出发点，让作品说话，反对先入为主和强加于人的阐释性分析。建筑现象学的批评模式还需要结合符号学的方法分析桥梁形式的意义，具体的分析方法在第五章符号论中有详细阐述。

桥梁的每一种批评模式只是从一个方面，对桥梁以及相关的领域的批评。有一些批评模式相互之间有重叠，或者有着不可分割的联系。将桥梁的批评模式进行系统地划分和分析，有助于深入地认识批评的方法与模式，并使批评在不同的情况下有所侧重。在桥梁批评的实践中，只有将这些方法加以综合，才能成为全面的系统的批评。

第 7 章　结论与展望

7.1　结论

本书是对桥梁批评理论的研究，旨在建立系统的桥梁批评理论框架。主体论的研究阐明了主体在批评中的作用，价值论的研究为价值判断提供了依据，符号论研究揭示了桥梁建筑形式的含义，方法论为批评提供了有力工具。这四个部分相互关联，相互补充，构成了桥梁批评的理论体系。

桥梁批评发展的历程表明：18 世纪之前的桥梁批评属于建筑批评的一部分，没有独立的批评思想和批评理论；近代桥梁批评出现了不同于建筑复古思潮的新观念，桥梁美学思想开始萌芽；现代桥梁批评注重真实的技术、结构和材料的表现，桥梁美学已经形成了较完善的理论体系，但还没有形成系统的桥梁批评理论体系。

桥梁批评的主体主要分为普通大众、专业人士和权力人士三类，在批评活动中表现出不同的特点，应有针对性地吸收不同主体价值取向中的合理成分；主体应具有的批评意识主要有社会意识、功能意识、技术意识和环境意识；多样化的批评媒介是桥梁批评有效传播的重要影响因素。

桥梁中的主要价值问题有：功能价值、社会价值、文化艺术价值、符号价值、生态价值、科学技术价值、场所价值。本书通过对价值等级序列的研究分析了判断桥梁价值高低的依据及借助参照物进行价值判断的不同方法。

桥梁是包含实用功能和丰富内涵的符号系统。桥梁建筑语言的总体架构由深层结构和表层结构组成，文章分析深层结构的内涵，并提出表层结构的构成语言包括形态的构成语言、结构与材料的构成语言、施工与设备的构成语言和桥梁与环境的构成语言。桥梁符号是能指（形式）与所指（含义）统一的语意系统，并分为相似符号、指示符号和象征性符号。从语用学层面分析了桥梁符号在设计中的应用，将对桥梁符号的诠释分为直觉式、实证式、解析式三个层次。最后将符号语构—语意—语用综合排序的方法应用于对桥梁符号系统的评价。

基于对桥梁批评对象和标准的研究，方法论研究提出桥梁批评的主要模式有目的和任务模式、社会批评模式、心理批评模式、形式批评模式、科学和技术批评模式、建筑现象学批评模式，并应在批评实践中综合应用。

7.2 进一步工作的方向

本书的研究只是桥梁批评研究的开始，桥梁批评的很多具体问题还需要不断地完善。在已建立的基本理论框架的基础上，还有以下研究工作需要进一步深入开展：

第一，本书对于桥梁批评中涉及到的设计与构思中的很多问题虽已提及但未能展开深入细致的研究，如桥梁的建筑空间、场所精神、桥梁中包含的建筑符号的解读等问题，需要在今后开展深入的专题研究。

第二，基于已建立的桥梁批评理论体系，需要开展针对不同类型桥梁的综合评价研究，并根据工程实践中的应用反馈不断优化改善指标体系与评价方法。

参考文献

[1] 交通运输部.2016年交通运输行业发展统计公报.[R/OL].(2017-4-17)[2017-08-02]. http://zizhan.mot.gov.cn/zfxxgk/bnssj/zhghs/201704/t20170417_2191106.html.

[2] 张毓书.盘点:桥梁界,我国那些世界之最[J].人民交通,2018(12):24-27.

[3] 项海帆,等.桥梁概念设计[M].北京:人民交通出版社,2011.

[4] 郑时龄.建筑批评学[M].北京:中国建筑工业出版社,2014:2-3.

[5] 柯布西埃.走向新建筑[M].陈志华,译.西安:陕西师范大学出版社,2004.

[6] 希格弗莱德·吉迪恩.空间、时间、建筑——一个新传统的成长[M].王锦堂,孙全文,译.武汉:华中科技大学出版社,2014.

[7] 布鲁诺·塞维.建筑空间论——如何品评建筑[M].张似赞,译.北京:中国建筑工业出版社,2006.

[8] 罗伯特·文丘里.建筑的复杂性与矛盾性[M].周卜颐,译.北京:中国建筑工业出版社,1991.

[9] 曼弗雷多·塔夫里.建筑学的理论和历史[M].郑时龄,译.北京:中国建筑工业出版社,2010.

[10] 诺伯舒兹.场所精神——迈向建筑现象学[M].施植明,译.武汉:华中科技大学出版社,2010.

[11] G·勃罗德彭特,等.符号·象征与建筑[M].乐民成,等,译.北京:中国建筑工业出版社,1991.

[12] 布鲁诺·赛维.现代建筑语言[M].王虹,席云平,译.北京:中国建筑工业出版社,2005.

[13] 查尔斯·詹克斯.后现代建筑语言——建筑师丛书[M].李大夏,译.北京:中国建筑工业出版社,1986.

[14] 孙全文.建筑与记号[M].台湾:明文书局,1986.

[15] 肯尼斯·弗兰姆普敦.现代建筑:一部批判史译者[M].张钦楠,译.北京:生活·读书·新知三联书店,2012.

[16] 弗兰姆普敦. 建构文化研究论——19世纪和20世纪建筑中的建造诗学[M]. 王骏阳,译. 北京:中国建筑工业出版社,2007.
[17] 弗兰姆普敦. 20世纪建筑学的演变:一个简要陈述[M]. 张钦楠,译. 北京:中国建筑工业出版社,2007.
[18] 林徽因. 论中国建筑之几个特征//林徽因文集(建筑卷)[M]. 天津:天津百花文艺出版社,1999.
[19] 邹德侬. 建筑理论、评论和创作[J]. 建筑学报,1986,(4):41-47.
[20] 罗小未,张晨. 建筑评论[J]. 建筑学报,1989,(8):41-47.
[21] 徐千里. 建筑批评·价值观念·人文尺度[J]. 新建筑,1996,(4):18-20.
[22] 程晓喜. 中国当代建筑评论的开展及传播研究[D]. 北京:清华大学,2005.
[23] 赵亚敏,车志远,王绍森. 本土化的建筑批评学[J]. 建筑与文化,2016,(1):76-77.
[24] 莱昂哈特. 桥梁建筑艺术和造型[M]. 北京:人民交通出版社,1988.
[25] 加藤诚平. 桥梁美学[M]. 东京:日本印刷株式会社,1938.
[26] 鹰部屋福平. 桥の美学[M]. 北原铁雄发行,1942.
[27] 山本宏. 桥梁美学[M]. 姜维龙,盛建国,译. 北京:人民交通出版社,1989.
[28] 唐寰澄. 桥梁美的哲学[M]. 北京:中国铁道出版社,2000.
[29] 唐寰澄,R. C. ,P. C. ,F. C. 桥梁的技术和艺术[J]. 桥梁建设,1988,(2).
[30] 唐寰澄. 桥梁建筑艺术的理论基础——对西德莱昂哈特《桥梁——艺术与造型》第二章的述评[J]. 国外桥梁,1985,(5).
[31] 唐寰澄. 桥梁建设艺术中的协调与和谐[C]//中国土木工程学会市政工程专业委员会第一次城市桥梁学术会议论文集,1987.
[32] Frifz Leonhardt,唐寰澄,译. 桥梁—艺术与造型[J]. 国外桥梁,1984,(2).
[33] 樊凡. 桥梁美学(一)[J]. 公路,1983,(10):37-41.
[34] 樊凡. 桥梁美学(二)[J]. 公路,1983,(11):7-10+2.
[35] 樊凡. 桥梁美学(三)[J]. 公路,1983,(12):34-35+41.
[36] 樊凡. 桥梁美学(四)[J]. 公路,1984,(02):8-10.
[37] 樊凡. 桥梁美学(五)[J]. 公路,1984,(04):37-39+41.
[38] 樊凡. 桥梁美学(六)[J]. 公路,1984,(06):10-13.
[39] 樊凡. 桥梁美学(七)[J]. 公路,1984,(07):18-21.
[40] 樊凡. 桥梁美学(八)[J]. 公路,1984,(08):33-35+41.
[41] 樊凡. 桥梁美学(九)[J]. 公路,1984,(10):35-37.

[42] 樊凡.桥梁美学(十)[J].公路,1984,(12):17-20.
[43] 樊凡.桥梁美学[M].北京:人民交通出版社,1987.
[44] 盛洪飞.桥梁建筑美学[M].北京:人民交通出版社,1999.
[45] 和丕壮.桥梁美学[M].北京:人民交通出版社,1999.
[46] 邓文中.造桥构思[M].北京:清华大学出版社,2012.
[47] 腾家俊,沈平.现代桥梁建筑设计[M].北京:人民交通出版社,2008.
[48] 林长川,林琳.桥梁设计美学[M].北京:中国建筑工业出版社,2014.
[49] 徐利平.城市桥梁美学创作[M].上海:同济大学出版社,2017.
[50] Martin P. Burke Jr. Bridge Aesthetics: World View[J]. Journal of Structural Engineering, 1995, (8).
[51] 龙涛.建筑思潮对桥梁美学的影响—以欧美桥梁发展为例[J].桥梁建设,2006,(2):132-134.
[52] 盛勇.桥梁造型[D].上海:同济大学,2004.
[53] 梁艳.桥梁造型质量评价[D].上海:同济大学,2006.
[54] 罗晓瑜.桥梁的造型价值[D].上海:同济大学,2012.
[55] 张孝俊.城市桥梁的建筑美学[D].上海:同济大学,2016.
[56] H. G. Tyrrell. History of Bridge Engineering[M]. Chicago: The Author, 1911.
[57] 茅以升.中国古桥技术史[M].北京:北京出版社,1986.
[58] 唐寰澄.中国古代桥梁[M].北京:文物出版社,1987.
[59] 王其明.中国古桥艺术评述[J].北京建筑工程学院学报,2000,(1):68-76.
[60] 刘丽,王正明.赵州桥多维价值的现代研究[J].古建园林技术,2007,(1):18-21.
[61] 项海帆,等.中国桥梁史纲[M].上海:同济大学出版社,2009.
[62] 蔡景波.桥梁建筑技术与艺术的发展历史[D].上海:同济大学,2016.
[63] Payá-Zaforteza, Ignacio. On the Development of Structural Criticism through Case Studies. IABSE Symposium Report, 2010, 97(33):16-23.
[64] Li Ying. Conspectus of bridge criticism[C]. IABSE Congress Stockholm, 2016: Challenges in Design and Construction of an Innovative and Sustainable Built Environment: 755-762.
[65] 苏为华.多指标综合评价理论与方法问题研究[D].厦门:厦门大学,2000.
[66] Saaty T L. A Scaling Method for Priorities in Hierarchical Structures[J]. Jour-

nal of Mathematical Psychology,1977,15 (3): 234-281.

[67] Wind Y,Saaty T L. Marketing Applications of the Analytic Hierarchy Process. Management Science[J]. 1980,26 (7): 641-658.

[68] Saaty T L. How to make a decision-the analytic hierarchy process[J]. European Journal of Operational Research,1990,48 (1): 9-26.

[69] Saaty T L. DECISION MAKING-THE ANAIYTIC HIERARCHY AND NETWORK PROCESSES (AHP/ANP). Journal of Systems Science and Systems Engineering,2004,13 (1):1-35.

[70] Saaty T L. Fundamentals of the analytic network process—Dependence and feedback in decision-making with a single network[J]. Journal of Systems Science and Systems Engineering,2004,13 (2): 129-157.

[71] 张哲,王会利,石磊,等. 桥梁方案多层多目标模糊优选模型及其应用[J]. 哈尔滨工业大学学报,2006,38 (9): 1567-1571.

[72] 胡国祥. 模糊优选理论在选择桥梁方案中的应用[J]. 公路交通科技,2005,22 (7).

[73] 孙宏才,徐关尧,田平. 用网络层次分析法(ANP)评估应急桥梁设计方案[J]. 系统工程理论与实践,2007,27 (3): 63-70.

[74] Malekly H,Mousavi S M,Hashemi H. A fuzzy integrated methodology for evaluation conceptual bridge design[J]. Expert Systems with Applications,2010,37(7):4910-4920.

[75] 赵松旭,钱才,田元福. 多层次分析法和模糊评价在桥梁多方案评价中的应用. 交通运输研究[J]. 2007 (11): 75-78.

[76] 杨霖涛. 应用模糊综合评价进行桥梁方案比选[J]. 公路交通科技,2013,(11): 295-297.

[77] 马士宾,王选仓,魏连雨,等. 突变优选理论在选择桥型方案中的应用[J]. 公路交通科技,2007,24 (10): 68-72.

[78] 旷志龙. 基于突变级数法的桥型方案适应性评价[J]. 公路工程,2014,39(3): 169-173.

[79] 王智远,李国栋,王勇华. 基于 AHP-TOPSIS 的桥梁设计方案优选决策模型[J]. 吉林大学学报(工),2017,47 (2): 478-482.

[80] 张利群. 文学批评原理[M]. 桂林: 广西师范大学出版社,2004.

[81] 朱光潜. 西方美学史[M]. 北京: 商务印书馆,2012.

[82] 维特鲁威. 建筑十书[M]. 高履泰,译. 北京: 知识产权出版社,2001.

[83] 阿尔伯蒂.建筑论[M].北京:中国建筑工业出版社,2010:103-104.
[84] 帕拉第奥.建筑四书[M].北京:中国建筑工业出版社,2015:109-123.
[85] 马克·安托万·洛吉耶.洛吉耶论建筑[M].尚晋,张利,译.北京:中国建筑工业出版社,2015.
[86] 曲茜.迪朗及其建筑理论[J].建筑师,2005(4):40-57.
[87] 邓文中.桥梁话语[M].北京:人民交通出版社,2014.
[88]《世界建筑》杂志社.步行桥:无论何处[J].世界建筑,2016,(3).
[89] 中央编译局.马克思恩格斯全集[M].北京:人民出版社,1974:26卷下327页.
[90] 李德顺.价值论[M].第3版.北京:中国人民大学出版社,2013.
[91] 卫大可.建筑形态发展与建构的结构逻辑[D].哈尔滨:哈尔滨工业大学,2009.
[92] 黄华新,陈宪明.符号学导论[M].郑州:河南人民出版社,2004.
[93] 俞建章,叶舒宪.符号:语言与艺术[M].上海:上海人民出版社,1988.
[94] 费尔迪南·德·索绪尔.普通语言学教程[M].屠友祥,译.上海:上海人民出版社,2007.
[95] 皮尔斯.论符号[M].赵星植,译.成都:四川大学出版社,2014.
[96] 卢德平.论符号的分类问题—皮尔斯研究札记[J].解放军外国语学院学报,2002,25(4):25-28.
[97] 莫里斯.指号、语言和行为[M].罗兰,周易,译.上海:上海人民出版社,2011.
[98] 廖春红.试析莫里斯符号学的意义观[J].北方论丛,2006(4):80-82.
[99] 张碧.西方马克思主义批评理论对符号学的批判与借鉴[J].陕西师范大学学报(哲学社会科学版),2013,(2):35-43.
[100] Geoffrey Broadbent. Design in architecture[M]. London: John Wiley & Sons, 1988: 210.
[101] 诺姆·乔姆斯基.句法结构[M].黄长著,林书武,庞秉均,等,译.北京:中国社会科学出版社,1979.
[102] Li Ying, Xiao Rucheng, Sun Bin. Study on conceptual design process of bridges [C]. 19th IABSE Congress Stockholm, 2016.
[103] 托马斯·史密特.建筑形式的逻辑概念[M].肖毅强,译.北京:中国建筑工业出版社,2003.
[104] 海德格尔.演讲与论文集[M].孙周兴,译.北京:生活·读书·新知三联

书店,2005.

[105] 诺伯格·舒尔兹. 存在·空间·建筑[M]. 尹培桐,译. 北京:中国建筑工业出版社,1990.

[106] 金增洪. 明石海峡大桥简介[J]. 国外公路,2001 (1): 13-18.

[107] 雷俊卿. 世界上最大跨度的悬索桥[J]. 中外公路,1992 (4): 14-19.

[108] 唐寰澄. 桥梁建筑艺术[M]. 台湾:明文书局,1987.

[109] C·K·奥格登,I·A·理查兹. 意义之意义:关于语言对思维的影响及记号使用理论科学的研究[M]. 白人立,国庆祝,译. 北京:北京师范大学出版社,2000.

[110] Juan P. Bonta, Architecture and Its Interpretation[M]. N. Y.: Rizzoli, 1979.

[111] Martin Krampen. Meaning in the Urban Environment[M]. London: Pion Ltd., 1979.

[112] 刘蔚华. 方法论辞典[M]. 南宁:广西人民出版社,1988: 94.

[113] 克莱夫贝尔. 有意味的形式[M]//蒋孔阳. 二十世纪西方美学名著选. 上海:复旦大学出版社,1987: 156.

[114] Dewitt Henry Parker. The Principles of Aesthetics[M]. Createspace Independent Publishing Platform, 2016.

[115] T. L. 萨迪. 网络层次分析法原理及其应用[M]. 鞠彦兵,刘建昌,译. 北京:北京理工大学出版社,2015.

[116] 住房城乡建设部工程质量安全监管司. 市政公用工程设计文件编制深度规定[M]. 北京:中国建筑工业出版社,2013.

[117] 宋冬梅,刘春晓,沈晨,等. 基于主客观赋权法的多目标多属性决策方法[J]. 山东大学学报(工学版),2015 (4): 1-9.

[118] 邓宝. 基于组合赋权法的指标权重确定方法研究与应用[J]. 电子信息对抗技术,2016 (1): 12-16.

[119] 李艳. 山地城市桥梁生态美学设计方法研究[D]. 重庆:重庆大学,2015.

[120] 张谢东,魏明华,胡志坚. 基于 AHP 多层模糊综合评价法的桥梁景观评价[J]. 武汉理工大学学报,2010 (12): 74-78.

[121] Mousavi S. M., Malekly H., Hashemi H. A two-phase fuzzy decision making methodology for bridge scheme selection[C]. IEEE Conference on Industrial Engineering and Engineering Management, Singapore, 2008.

[122] 朱国强,薛庆利. 多目标模糊评判法在桥梁设计方案中的应用[J]. 公路交通科技:应用技术版,2008 (7): 138-141.

[123] T. L. 萨迪. 层次分析法—在资源分配、管理和冲突分析中的应用[M]. 许树柏,等,译. 北京:煤炭工业出版社,1988.

[124] 谢季坚,刘承平. 模糊数学方法及其应用[M]. 武汉:华中科技大学出版社,2013.

[125] https://superdecisions.com/.

[126] 孙宏才,田平,王莲芬. 网络层次分析法与决策科学[M]. 北京:国防工业出版社,2011.